WISSENSCHAFTLICHE BEITRÄGE AUS DEM TECTUM VERLAG

Reihe Psychologie

WISSENSCHAFTLICHE BEITRÄGE
AUS DEM TECTUM VERLAG

Reihe Psychologie

Band 25

Antonia McDole

Wenn Bäche hören und Regentropfen fühlen

Kindlicher Animismus – Erlebenswirklichkeit
oder psychologisches Konstrukt?

Tectum Verlag

Antonia McDole

Wenn Bäche hören und Regentropfen fühlen. Kindlicher Animismus – Erlebenswirklichkeit oder psychologisches Konstrukt?
Wissenschaftliche Beiträge aus dem Tectum Verlag:
Reihe: Psychologie; Bd. 25

ISBN: 978-3-8288-2866-7
ISSN: 1861-7735

Printed in Germany

Besuchen Sie uns im Internet
www.tectum-verlag.de

Bibliografische Informationen der Deutschen Nationalbibliothek
Die Deutsche Nationalbibliothek verzeichnet diese Publikation in der Deutschen Nationalbibliografie; detaillierte bibliografische Angaben sind im Internet über http://dnb.ddb.de abrufbar.

INHALT

„(…) in der Sprache allein (findet) das menschliche Innere seinen vollständigen, erschöpfenden und objektiv verständlichen Ausdruck(…)“ (Dilthey, 1966, S. 15).

VORWORT

Jean Piaget gilt weltweit als einer der bedeutendsten Entwicklungspsychologen, insbesondere im Bereich der Entwicklung der Psychologie der Intelligenz.

Dieser Tatbestand ist sicherlich unbestritten; dennoch ist damit auch ein einseitiges Bild von Piaget und seinen jahrzehntelangen Forschungen gezeichnet, hat er sich doch auch sehr intensiv mit der „Entstehung des Weltbildes beim Kinde", den kindlichen Phantasien, Bildern und Affekten beschäftigt. Diese Tatsache wird leider oft zu wenig oder zu einseitig gesehen. Infolgedessen haben manche psychologischen Kritiker an Piagets Konzeption bemängelt, dass er nicht methodisch exakt genug vorgegangen sei.

Unter einem methodisch exakten Vorgehen wird heutzutage oft genug eine quantitativ exakt vorgehende Methode verstanden, näherhin die methodische Erfassung von (linearen) Kausalverhältnissen. – In diesem Sinne haben vor längerer Zeit einige amerikanische Psychologen Piaget in der Weise kritisiert, dass sie das von Piaget angenommene animistische Denken experimentell einer Kritik unterzogen mit dem Ergebnis, dass dieses von Piaget angenommene animistische Denken bei der Entwicklung der Intelligenz des Kindes keine Rolle spiele bzw. womöglich sogar nur ein von Piaget lediglich hypothetisch angenommenes Konstrukt sei.

Methodisch sind die erwähnten Psychologen in der Weise vorgegangen, dass sie Kindern „rationale Fragen" gestellt haben, z.B.: Ist der Busch ein Gewächs, ist das Auto ein Fahrzeug, mit dem Ergebnis, dass die Kinder diese für sich aufgelisteten Fragen in der Tat größtenteils realistisch-rational beantworteten.

Die Verfasserin der vorliegenden Arbeit jedoch hat versucht aufzuzeigen, dass dann, wenn man sie in ihrer natürlichen Umgebung befragt und zugleich versucht, das Erleben der Kinder mit einzubeziehen, sie sehr wohl von einem Baum oder der Sonne auch in phantasievoller animistischer Weise erzählen, dass z.B. die Sonne auch schlafen geht. Infolgedessen scheint mir die Arbeit von Frau McDole eine methodisch-reflektierte gelungene Replik an den Untersuchungen und Thesen der amerikanischen Psychologen zu sein. Aus diesem Grunde scheint mir die vorliegende Arbeit neue wertvolle Anstöße in der Erforschung der grundlegenden Konzeption Piagets zu geben.

Köln, im Juli 2010 Wolfgang Baßler

1 EINLEITUNG

Anfang des letzten Jahrhunderts beschrieb der Entwicklungspsychologe Jean Piaget ein Phänomen bei Kindern, welchem er den Begriff „Animismus" zuwies.

Die Bezeichnung ‚Animismus' (lat. *anima, -us,* 'Seele', 'Geist') stammt aus der Religionsethnologie. Zum einen versteht man darunter, dass alle gestalthaften Erscheinungsformen der Natur mit einer persönlichen Seele ausgestattet sind, zum anderen entwickelte sich aus dieser Vorstellung eine mit dem Evolutionismus verbundene Theorie, dass dieser Glaube eine der ältesten bzw. die älteste Ausformung der Religion darstellt[1] (vgl. Hirschberg, 1999, S. 25). Freud begriff unter diesem Phänomen des Animismus im engeren Sinne „(...) die Lehre von den Seelenvorstellungen, im weiteren die von geistigen Wesen überhaupt" (Freud, 1940, S. 93).

Unter dem Begriff Animismus verstand Piaget „die Tendenz, die Körper als lebendig und mit Absichten ausgestattet zu betrachten" (Piaget, 1988, S. 157). Diese Ansicht gründete sich auf der Annahme, dass das Kind am Anfang seiner Entwicklung zwischen der psychischen und der physischen Welt nicht klar unterscheiden, dass es zwischen seinem Ich und der Außenwelt keine eindeutigen Grenzen ziehen kann. Auf Grund dessen werden zahlreiche Objekte, welche von Erwachsenen als leblos betrachtet werden, vom Kind als lebendig angesehen (vgl. Piaget, 1988, S. 157).

Piaget setzte sich in Studien mit diesem Phänomen auseinander, indem er repräsentierend durch die Begriffe „Leben" und „Bewusstsein" sein animistisches Konzept entwickelte. Anfänglich waren die Reaktionen auf seine Forschungen gering; erst in den letzten vergangenen 30 Jahren rückten diese stärker in das wissenschaftliche Interesse. Die gesamte Animismusforschung stellt kein übereinstimmendes Bild dar, sondern ist durchzogen von kontroversen Ergebnissen und Theorien. Die voneinander abweichenden Resultate sind vor allem auf die Heterogenität der Methoden, Verfahren und Datenanalysen zurückzuführen. Tendenziell wird der kindliche Animismus in der jüngeren Forschung aber nicht mehr als unreife, bereichsübergreifende Denkstruktur des Kindes im Sinne

1 Siehe hierzu auch E.B. Tylor (1871). Primitive Culture, 2 Bde. London.

Piagets angesehen, sondern als Folge bereichsspezifischer Wissensdefizite. Hinsichtlich dessen wird der kindliche Animismus größtenteils nicht mehr als ganzes Konzept, als eine Vermengung zwischen der Welt und dem kindlichen Geist, welche die Folge des egozentristischen Weltbildes des Kindes ist und präkausalen Charakter hat, angesehen, sondern das kindliche Denken wird in Teilaspekten untersucht.

Diese Arbeit erörtert im ersten Teil die theoretische Auseinandersetzung mit dem kindlichen Animismus, beginnend bei Piaget von 1926 bis zum m.W. heutigen Forschungsstand. Im zweiten Teil erfolgt die eigene empirisch-qualitative Untersuchung zum kindlichen Animismus. Der generelle Fokus liegt auf der Verfahrensabhängigkeit animistischer Tendenzen. Im Verfahren I nach (Huang & Lee, 1945; Klingberg, 1957) wird in einer ja/nein-Unterscheidung versucht, den kindlichen Animismus aufzudecken. Die Begründungen der Versuchspersonen fließen in die Analyse der Daten nicht ein. Huang und Lee sowie Klingberg fanden geringe animistische Tendenzen unter ihren Versuchspersonen bzw. legten die gefundenen animistischen Antworten nicht als präkausale Denkstruktur des Kindes aus. Im Verfahren II nach (Beveridge & Davies, 1983) werden nicht nur animistische Tendenzen mit einer nahezu nonverbalen Kartensortieraufgabe, bei welcher in einer dichotomen Beurteilung zwischen lebendigen und nicht lebendigen Objekten unterschieden wird, sondern auch die Zuschreibung von Lebendigkeitsmerkmalen zu verschiedenen Objekten überprüft. Beveridge und Davies konnten nur sehr geringe animistische Tendenzen und eine altersabhängige korrektere Zuweisung der Lebendigkeitsmerkmale nachweisen. Im Verfahren III nach (vgl. z.B. Russel & Dennis, 1939; Laurendeau & Pinard, 1962) wird eine Begründung für das abgegebene Urteil mit in die Analyse der Daten einbezogen, da nach Meinung der Autoren nur durch die Begründung der latente kindliche Animismus zu erfassen ist. Durch dieses Verfahren konnten sie ein beträchtliches Ausmaß an animistischen Antworten belegen. Das Verfahren III+ schließt sich an das vorherige an. Die animistischen Tendenzen der Versuchspersonen werden durch ein offenes Gespräch, welches bedingt durch die Situation und die Versuchsperson verschiedene Abläufe zulässt, erfasst. Die Begriffe „Leben" und „Bewusstsein" dienen als Erfassungsträger. Die Überprüfung der animistischen Tendenzen erfolgt durch die Vorstellungen, kleinen Geschichten und Erzählungen der Versuchspersonen. Der theoretische Ansatzpunkt der eigenen Untersuchung unterliegt nicht dem naturwissenschaftlichen Paradigma, sondern die Erlebensprozesse, die Betrachtung von Verhalten und Erleben werden als „(...) Grundlage aller wissenschaftsmethodisch qualitativen psychologischen Forschung“ (...) angesehen (Baßler, 2007, S. 16).

Jede Versuchsperson absolviert alle vier Verfahren. Die Auswertung erfolgt bezogen auf jede einzelne Versuchsperson. Zusammengefasst betrachtet werden die Ergebnisse in der sich angliedernden Diskussion. Ziel dieser qualitativen Untersuchung ist es, aufzuklären, ob animistische Tendenzen verfahrensabhängig sind und inwieweit die verschiedenen Verfahren ein geeignetes Mittel darstellen, um den kindlichen Animismus zu erheben. Besonderer Fokus wird darauf gelegt, wie die Versuchspersonen an die einzelnen Verfahren herangehen, wie sie sich verhalten und ob die Verfahren bei jeder Versuchsperson durchführbar sind. Die in der Animismusforschung m.W. gänzlich fehlende genaue Aufzeichnung der Untersuchungseinheiten wird in den Ergebnissen für jede Versuchsperson und im Textband (unveröffentlicht) dargestellt.

Um der Annahme eines Wissensdefizites (vgl. z.B. Carey, 1985; Dolgin & Behrend, 1984; Holland & Rohrmann, 1979) nachzugehen, werden neben Kindern auch jugendliche und erwachsene Versuchspersonen befragt.

Belegt werden konnte u.a.:

- dass animistische Vorstellungen im Sinne Piagets existieren.
- dass animistische Tendenzen verfahrensabhängig sind.
- dass animistische Vorstellungen nicht mit einem Wissensdefizit gleichzusetzen sind.
- dass animistische Phänomene nur aufgezeigt werden können, wenn es sich um ein verbales Verfahren handelt, welches Begründungen und Erläuterungen zulässt.

Anmerkung: Im theoretischen Teil dieser Magisterarbeit werden die Begriffe „Methode“ und „Verfahren“ gleichbedeutend verwendet. Obwohl eine Vereinheitlichung der Begriffe aus wissenschaftlicher Sicht nicht korrekt ist, wird dies in Abhängigkeit von der Nichtbeachtung in der aufgeführten Literatur auf diese Weise übernommen. Der Begriff „Verfahren“ wird ab dem Kapitel „Eigene Fragestellung“ mit „V.“ abgekürzt.

2 THEORETISCHER HINTERGRUND

Der theoretische Teil der vorliegenden Arbeit setzt sich mit der Animismusforschung von 1926 bis zum heutigen Standpunkt, beginnend bei Piaget, auseinander. Dabei wird besondere Gewichtung auf die kontroversen Theorien und Ergebnisse der wissenschaftlichen Auseinandersetzung hinsichtlich des Gegenstandes gelegt[2].

2.1 Die Welt aus der Sicht des Kindes

2.1.1 Der kindliche Realismus

Piaget widmete sich folgenden Fragen: „Ist die äußere Wirklichkeit beim Kind so äußerlich und objektiv wie bei uns? (…) Ist das Kind imstande, die äußere Welt von seinem Ich zu unterscheiden? (…) Gelingt es dem Kind, aus seinem Ich herauszutreten, um sich eine objektive Vorstellung der Wirklichkeit zu konstruieren?" (Piaget, 1988, S. 43). Der kindliche Realismus besteht nach Piaget darin, dass das Kind nicht weiß, „(…) dass es ein Ich gibt und deshalb die eigene Betrachtungsweise für unmittelbar objektiv und absolut hält" (Piaget, 1988, S. 43). Dies findet seine Begründung darin, dass das Kind von einer starken subjektiven Zentrierung ausgeht, die „(…) auf eine angeborene Egozentrizität zurückzuführen (ist)" (Piaget, 1988, S. 43). Demnach hat es nicht das Bedürfnis, sein Denken zu sozialisieren, und daraus folgen Konsequenzen. So werden „(…) das Objektive mit dem Subjektiven, das Wahre mit dem Unmittelbaren (…)" (Piaget, 1988, S. 44) vermengt. Zwei Kontinuitäten ergeben sich aus diesem kindlichen Realismus. Erstens haben das Ich und die Außenwelt keine klaren Abgrenzungen voneinander und zweitens setzt sich dies in partizipierendem Denken[3] und spon-

---

2 Piaget (1926) betrachtete den kindlichen Animismus aus dem kognitiven Entwicklungsverständnis heraus. Demnach wird die affektive Seite bzw. die psychologische Bedeutung in dieser Arbeit nur am Rande berücksichtigt.

3 Partizipation: ursprüngliches Denken, welches unabhängige Phänomene oder Wesen als zum Teil identisch oder sich gegenseitig stark beeinflussend betrachtet, wobei zwischen ihnen aber keine kausale Konnexion oder räumlicher Kontakt besteht (vgl. Piaget, 1926, S. 125).

tanen magischen[4] Haltungen fort (vgl. Piaget, 1988, S. 119). Vier Arten magischen Verhaltens sind zu unterscheiden: Magie durch Partizipation der Handlungen, der Gedanken, der Substanzen und der Intentionen (vgl. Piaget 1988, S. 126f). Die letzte Kategorie, Magie durch Partizipation der Intentionen, ist mit dem kindlichen Animismus gleichzusetzen. Die Ursprünge der kindlichen Partizipation und der Magie liegen in der Vermischung zwischen dem Ich und der Außenwelt und einer „(...) Übertragung der Haltungen, die durch die Beziehung des Kindes zu den Personen seiner Umgebung ausgelöst werden, auf die physische Welt" (Piaget, 1988, S. 141). Der Animismus geht aus diesem egozentristischen Realismus hervor (vgl. Piaget, 1988, S. 149). Wenn das Kind zwischen seinem Ich und der Außenwelt allmählich zu unterscheiden lernt, „(...) wird das Ich (...) mit magischen Kräften ausgestattet und werden umgekehrt die Gegenstände mit Bewusstsein und Leben bedacht" (Piaget, 1988, S. 126).

2.1.2 Der kindliche Animismus

Der kindliche Animismus ist „(...) keineswegs das Ergebnis einer reflektierenden Konstruktion des kindlichen Denkens, (denn) (...) das kindliche Denken (geht) von der Idee eines universellen Lebens als eine primäre Idee (...) (aus)" (Piaget, 1988, S. 206). Das Kind hat keine Unterscheidungskriterien für „Geboren werden" oder „Sterben", für „verursachte Bewegung" und „autonome Bewegung", für „Aktivität" und „Passivität." Die umfassende Intentionalität, welche den Dingen zugesprochen wird, kann durch drei Faktoren begründet werden: Das Kind erklärt sich die Regelmäßigkeit der Natur durch Finalismus, unterstellt den Dingen um es herum eine Absicht und es vermischt die moralische und physikalische Not-

---

4 Magie: Idee des Individuums, durch die Partizipationsbeziehungen die Wirklichkeit zu verändern (vgl. Piaget, 1926, S. 125).

wendigkeit[5]. Ausgehend von dem kindlichen Bewusstsein, das zwischen dem Ich und seiner Außenwelt keine Trennung vollzieht, denn es existiert weder ein Ich noch eine Außenwelt, sondern ein Kontinuum, spielen sowohl individuelle als auch soziale Faktoren bei der Entstehung des kindlichen Animismus eine Rolle (vgl. Piaget, 1988, S. 206ff).

Individuelle Faktoren (vgl. Piaget, 1988, S. 212ff):

- Die Einheit von Aktion und Intention.

- Die Introjektion: die eigenen Gefühle gegenüber einem Objekt werden auch im Objekt selbst gesehen.

Soziale Faktoren:

- Die Partizipationsgefühle, welche vom Kind gegenüber seiner Umwelt empfunden werden.

- Die moralische Notwendigkeit, der das Kind durch seine Erziehung unterworfen ist.

Dieses ursprüngliche Schema wird erst durchbrochen, wenn das Kind sich seiner selbst und seiner eigenen Gedanken bewusst ist (vgl. Piaget, 1988, S. 214). Egozentristisches Denken bedeutet, dass das Kind glaubt, dass seine Gedanken auch die Gedanken der anderen sind und so hält es seine eigene Wahrnehmung für absolut. Das präkausale Denken des Kindes, welches sich im kindlichen Animismus und im Artifizialismus[6] auswirkt, basiert auf dem egozentristischen Denken und dem Realismus (vgl. Piaget 1972, S. 249).

---

5 Moralische Notwendigkeit: Dinge haben für das Kind bis zum 7. oder 8. Lebensjahr einen Willen, welcher aber nicht frei ist, das zu tun, was er möchte, sondern der „(...) Wille (ist) einem moralischen Gesetz verpflichtet (...), dessen Prinzip man mit 'alles für das höchste Wohl des Menschen' umschreiben könnte" (Piaget, 1926, S. 202). Die Regelmäßigkeit in der Natur hat demnach für das Kind einen moralischen Ursprung. Erst im Alter zwischen 11 und 12 Jahren wird das Kind nicht mehr moralische Verpflichtungen den Dingen zuschreiben, sondern Phänomene durch physikalische Notwendigkeiten erklären (vgl. Piaget, 1926, S. 202).

6 Unter dem Begriff „Artifizialismus" versteht man eine Ausdrucksform des präkausalen Denkens, nach dem die Dinge in der Welt das Ergebnis menschlicher Fabrikation sind. Daraus folgt, dass das Kind nicht in der Lage ist, zwischen materieller Kausalität und menschlichen Wirkungsmöglichkeiten zu unterscheiden (vgl. Piaget, 1926, S. 227).

Aber um zu einer objektiven Sichtweise der Dinge zu gelangen und die allumfassende Zentrierung langsam abzulegen, „(...) muss der Geist sich entsubjektivieren, muss er seine angeborene Egozentrizität überwinden" (Piaget, 1988, S. 207).

2.1.3 Das Stufenmodell Piagets

Diese ursprüngliche Vorstellung des Kindes über die Welt wird, bezogen auf die von Piaget untersuchten Begriffe „Leben" und „Bewusstsein", in vier aufeinanderfolgenden Stadien langsam aufgehoben. An dieser Stelle soll schon die Tatsache vorweggenommen werden, dass sich die Begriffe „Leben" und „Bewusstsein" in die gleiche Richtung und nach den gleichen Gesetzmäßigkeiten entwickeln, obwohl sich das Kind erst nach der Klassifizierung in „Lebewesen" und „Nichtlebewesen" ein Urteil über das zugesprochene Bewusstsein bildet (vgl. Piaget, 1988, S. 187). Da der zuletzt genannte Punkt aber keinen Einfluss auf die Darstellung der Stadien hat, werden die von Piaget untersuchten Begriffe „Leben" und „Bewusstsein" geschlossen erläutert.

Stadium 0: Kein Konzept: Jedes Objekt kann mit Absicht oder bewusster Aktivität ausgestattet sein (unter 4-5 Jahren).

Stadium I: Aktivität: Alles kann mit Leben und Bewusstsein ausgestattet sein, wenn es irgendeine Aktivität aufzeigt (Alter bis 6–7).

Stadium II: Bewegung: Alles kann mit Leben und Bewusstsein ausgestattet sein, wenn es in Bewegung ist (Alter 6½–8½).

Stadium III: Autonome Bewegung: Leben und Bewusstsein haben nur diejenigen Körper, welche eine Eigenbewegung aufzeigen (Alter 8½ bis 11½).

Stadium IV: Erwachsenenkonzept: Nur Menschen und Tiere oder Menschen, Tiere und Pflanzen haben Leben und Bewusstsein (Alter ab 11–12).

Im ersten Stadium kann alles mit Leben und Bewusstsein ausgestattet sein, wenn ein Objekt irgendeine Aktivität, insbesondere einen Widerstand aufzeigt. Diese Aktivität wird vor allem dann als lebendig betrachtet, wenn sie eine für den Menschen nützliche ist (vgl. Piaget, 1988, S. 179). Bewusstsein haben zwar alle Dinge, aber das Kind spricht nicht jedem von ihnen gleichermaßen physische und psychische Eigenschaften wie Wille, Schmerz, sensorische Fähigkeiten zu (vgl. Piaget, 1988, S. 164). Ein Stein kann z.B. nur dann etwas spüren, wenn er nass gemacht, zerschmettert oder an eine andere Stelle versetzt wird (vgl. Piaget, 1988, S. 162). Das erste Stadium zeichnet sich durch den Glauben an eine Finalität der Natur aus. Die Dinge um das Kind sind mit Verpflichtungen und Kräften ausgestattet, deren Ziel es ist, Zwecke zu verwirklichen (vgl. Piaget, S. 180). Diese Annahme basiert auf dem kindlichen Gedanken der Partizipation, d.h. das Kind stellt eine Verbindung zwischen sich oder den Menschen und den Objekten her und erklärt sich somit deren Ursache.

Im zweiten Stadium, welches als ein Übergangsstadium angesehen werden kann, wird Leben und Bewusstsein denjenigen Objekten zuteil, welche für gewöhnlich in Bewegung sind. Dies bedeutet, dass sowohl Wolken und Flüsse als auch Fahrzeuge etc. mit Leben und Bewusstsein ausgestattet werden. Denn das Kind kann noch nicht zwischen mechanischer und autonomer Bewegung unterscheiden und der Dynamismus der Dinge hängt mit der Einheit von Ursache und Wirkung zusammen. Erst wenn das Kind diese zu trennen vermag, wird auch die Einheit von äußerem und innerem Antrieb separiert. Somit ist jegliche Bewegung eine Eigenbewegung, welche von einer intentionalen Kraft ausgeht (vgl. Piaget, 1988, S. 167).

Im Alter zwischen 7 und 8 Jahren befindet sich das Kind im dritten Stadium und lernt zwischen autonomer und verursachter Bewegung zu unterscheiden. Die Dynamik einer Bewegung wird durch die mechanische Erklärung abgelöst (vgl. Piaget, 1988, S. 168), d.h., die im zweiten Stadium angenommene allgemeine intentionale Kraft der Objekte kann unterschieden werden in autonome und verursachte. Die dynamische Einheit wird überwunden und Bewusstsein und Leben werden nur denjenigen Dingen zugesprochen, welche sich von selbst bewegen können.

Im vierten Stadium hat das Kind das Konzept des Erwachsenen bezüglich des Lebens und des Bewusstseins erreicht. Folglich werden das Leben und das Bewusstsein nur den Menschen, den Tieren oder den Menschen, Tieren und Pflanzen zugesprochen (vgl. Piaget, 1988, S. 185). In diesem Stadium kann eine Unsicherheit gegenüber der Eigenbewegung und somit der Zuschreibung von Leben und Bewusstsein jedoch immer noch bezüglich nicht greifbarer Phänomene wie z.B. der Gestirne bestehen (vgl. Piaget, 1988, S. 171).

Piaget schlussfolgert, dass „der Animismus (...) im Denken des Kindes vor allem als eine geistige Ausrichtung, als ein Erklärungsschema, nicht so sehr als eine bewusst systematische Überzeugung vorhanden (ist)“ (Piaget, 1988, S. 173).

Begründung findet diese Behauptung durch die Denkstruktur des Kindes (vgl. Piaget, 1988, S. 173f).

1. Es, das Kind, ist sich seines eigenen Denkens nicht bewusst, seine Antworten bzw. Aussagen sind somit unzusammenhängend.
2. Der Animismus dient als Erklärung für Dinge, die erschreckend, seltsam erscheinen und begründet den Gehorsam der Dinge gegenüber den omnipotenten Menschen.
3. Erst mit dem Beginn des dritten, und es findet seinen Abschluss im Verlauf des vierten Stadiums, ist das Kind in der Lage, seine Begründungen bewusst zu definieren, d.h., die implizite Systematisierung wird von der reflektierenden Systematisierung abgelöst.

2.2 Die Methode des klinischen Interviews

Für seine Untersuchungen verwendete Piaget die Methode des klinischen Interviews: eine nicht-standardisierte Fragetechnik, ein Verfahren, welches sowohl explorierende Fragen erlaubt als auch Raum zur Beobachtung und Hypothesenbildung lässt, um das kindliche Denken möglichst genau zu erfassen. Wie aus den Protokollen hervorgeht (vgl. z.B. Piaget, 1988, S. 166ff, 180ff), wurden vor allem Kinder im Alter zwischen 6 und 12 Jahren zu verschiedenen Objekten, welche in vier Kategorien unterteilt werden, befragt.

Die lebendigen Objekte: z.B. Schnecke, Baum, Mensch.

Die unlebendigen Objekte: z.B. Stein, Fensterscheibe, Tisch.

Die häufig bewegten Objekte: z.B. Fahrrad, Auto.

Die (scheinbar) eigenbewegten Objekte: z.B. Wolken, Fluss, Sonne, Mond.

Piagets Fragen bezogen sich auf den Begriff „Leben“ wie folgt: „Ist der Tisch lebendig? Warum ja, warum nein?“ Das den Dingen zugesprochene Bewusstsein wurde in etwa so abgefragt: „Spürt der Tisch, wenn ich ihn steche, oder spürt er es nicht?“ Je nach Objekt wurden die Verben variiert und „spüren“ durch „wissen“ und „fühlen“ ersetzt. Der besondere Fokus dieses Verfahrens lag auf der Begründung der Urteile, denn erst in der Begründung kann nach

Piaget (vgl. 1988, S. 159) die latente Ansicht des Kindes erfasst werden. Die Kinder erhielten keine einführenden Erklärungen. In manchen Fällen wurde eine vorausgehende Frage gestellt: „Weißt du, was ein Lebewesen ist?“ (Piaget, 1988, S. 182).

Voraussetzung für die Untersuchung des kindlichen Animismus (Weltbildes) waren die spontanen Fragen der Kinder, welche in den Untersuchungen im gleichen Sprachgebrauch eines Kindes Verwendung fanden (vgl. Piaget, 1988, S. 18). Die Kinder wurden einzeln zu den Objekten befragt. Die Anzahl der Versuchspersonen, die Dauer einer Untersuchungseinheit, die Anzahl der Objekte und die Anzahl der animistischen Antworten im Vergleich zu korrekten Antworten ist aus den Protokollen nicht ersichtlich.

Piaget (vgl. 1988, S. 159f) selbst stand seiner Methode nicht unkritisch gegenüber. Gefahren sah er vor allem in der einfachen Suggestion und in der Suggestion durch Beharrlichkeit, welche Antworttendenzen hervorrufen können. Er wies darauf hin, dass eine Einseitigkeit der Befragung zu vermeiden ist und die Möglichkeit sowohl der Bejahung als auch der Verneinung gegeben sein muss. Um eine Kontinuität zu vermeiden, soll zwischen den Extremen lebendige – unlebendige Objekte gewechselt werden. Wenn festzustellen ist, dass das Kind die Beharrlichkeit unterlässt, können auch Gestirne und meteorologische Phänomene abgefragt werden.

Trotz der von Piaget erwähnten Mängel des klinischen Interviews hielt er es für die geeignetste Methode, den kindlichen Animismus zu überprüfen. Denn es ist

> (...) experimentell, insofern der Kliniker Probleme aufwirft, Hypothesen aufstellt, die Bedingungen variiert und schließlich seine Hypothesen an den durch das Gespräch ausgelösten Reaktionen überprüft. (...) (Es) besteht aber auch aus direkter Beobachtung, insofern der gute Kliniker sich selbst lenken lässt, indem er lenkt, und den ganzen geistigen Kontext berücksichtigt (...) (Piaget, 1988, S. 21).

Die Testmethode und die reine Beobachtung, welche als zu diskutierende Verfahren erwähnt werden, stellen schlussendlich keine adäquaten Methoden für Piaget dar. Die Testmethode, eine „organisierte Prüfung“, in welcher den Kindern unter gleichen Bedingungen Fragen gestellt und deren Ergebnisse miteinander qualitativ verglichen werden (vgl. Piaget, 1988, S. 16), lehnt Piaget ab. Denn „(...) die geistige Orientierung des befragten Kindes (wird) verfälscht oder (könnte) mindestens verfälscht werden (...)" (Piaget, 1988, S. 17). Tests können zwar hilfreich sein, aber

> bei unserem Vorhaben besteht (...) die Gefahr, dass sie die Perspektive verzerren, indem sie den kindlichen Geist in eine falsche Richtung lenken. Sie gehen möglicherweise an wesentlichen Fragen, an spontanen Interessen und ganz ursprünglichen Vorstellungen vorbei (Piaget, 1988, S. 18).

Eine bessere Voraussetzung für die Untersuchung des kindlichen Weltbildes sah Piaget (1988, S. 19f) in der reinen Beobachtung[7], denn die unaufgeforderten Fragen der Kinder zeigen, welche Interessen, Probleme und Lösungen in ihnen verwurzelt sind. Dennoch kann sie nicht die einzige Methode sein, um das kindliche Denken zu erfassen – aufgrund ihres nonverbalen Charakters. Auf Aussagen kann nicht reagiert oder interveniert werden und es findet keine Informations- und Gedankeneinsicht statt, d.h., zwischen dem Spiel, einer Überzeugung und dem Fabulieren eines Kindes kann nicht unterschieden werden. Aber die reine Beobachtung ist wichtig, denn „jede Untersuchung des kindlichen Denkens muss von der Beobachtung ausgehen und zur Beobachtung zurückkehren, um die Experimente, die sich vielleicht an ihr inspiriert haben, kritisch zu überprüfen" (Piaget, 1988, S. 18).

2.3 Kritik an der Methode des klinischen Interviews

Die von Piaget verwendete Methode des klinischen Interviews regte eine kritische Diskussion an, in welcher hinterfragt wurde, inwieweit seine Herangehensweise die zu untersuchenden Konzepte „Animismus", „Realismus", „Artifizialismus" erfassen können. Hinsichtlich des kindlichen Animismus wurde vor allem die nicht standardisierte Methode und das Fehlen einer quantitativen Datenanalyse kritisiert (vgl. Looft & Bartz, 1969). Russel und Dennis (vgl. 1939a, S. 389) bemängelten Piagets Begründung für die Nicht-Standardisierung seiner Methode und schrieben diesem Fehlen eine zu hinterfragende Signifikanz zu. Die Methode des klinischen Interviews sei nicht nur anfällig bezüglich Antworttendenzen von Seiten der Kinder, sondern sie begünstige auch zufälliges Raten, Fabulieren und Perseveration (vgl. Holland & Rohrmann, 1979,

7 M.W. wurde die reine Beobachtung, nur von Mead (1932) angewandt.

S. 371). Die klinische Methode ist nicht zufriedenstellend, denn „the questions are unfair and often suggestive; the situation is stereotyped; the technique might bring into light not the intellectual tool of the child in practical life but his deeper phantasies" (Isaacs, 1930 in Huang, 1943, S. 85). Ähnlich formuliert Deutsche (1937, S. 92):

> When a child is in face-to-face contact with an adult who is firing questions at him (…), he feels obliged to give some answers. (…) the child is pressed to explain what he means by each statement, one gets the impression that the children are being driven to the wall, and that because they feel obliged to answer the questions, they invent an answer which will help them out of their difficulty. (…) it undoubtedly encourages guesswork and flights of fancy.

Aus den Daten, welche aus der Methode des klinischen Interviews hervorgehen, können keine normativen Schlüsse gezogen werden. Piagets Interpretation der kindlichen Welt basiert auf der Gedankenwelt der Erwachsenen und lässt somit philosophische und logische Verflechtungen zu, die vielleicht gar nicht Teil der kindlichen Denkmuster sind (vgl. Deutsche, 1937, S. 92f).

Andere Autoren bezogen ihre Kritik mehr auf konzeptionelle und semantische Probleme (vgl. Looft & Bartz, 1969, S. 7). Russel (vgl. 1940b, S. 83) hinterfragte, inwieweit die Entwicklung des kindlichen Animismus in den verschiedenen Stadien funktional von den Begriffen „living/dead" abhängig ist und ob diese Entwicklung in Zusammenhang mit einem allgemeineren, sich entwickelnden, komplexeren Begriff von „life" steht. In ähnlicher Weise wies Carey (1985, S. 18) darauf hin, dass Kinder eine konzeptionelle Idee von „life" haben, dass aber das Wort „alive" vielleicht für sie eine andere Bedeutung haben könnte. „One cannot simply assume that the word 'alive' is a direct pipeline to children's concept of life" (Carey, 1985, S. 18). Daraus schließt sie, dass es sich hierbei vielleicht um semantische und nicht um konzeptionelle Probleme handelt (vgl. Carey, 1985, S. 18). Huang und Lee (vgl. 1945, S. 74) konstatierten, dass die Begriffe „living" und „having life" in ihrer Studie unterschiedliche Ergebnisse hervorriefen. Diesen Effekt begründeten sie auf der Vermutung, dass die Kinder wahrscheinlich sehr wohl ein genaues und fundamentales Verständnis bezüglich der Objekte haben, aber dass die Verwendung des Begriffes „living" für sie vager, variabler und weniger entsprechend ist (vgl. Huang & Lee, S. 69). Klingberg (vgl. 1957, S. 235) führte in diesem Zusammenhang auf, dass das Wort „living" andere Bedeutungen und

Assoziationen hervorruft als das Wort „life", welches einen abstrakteren Charakter besitzt. Holland und Rohrmann (vgl. 1979, S. 337) kritisierten Piaget dahingehend, dass er zu intensiv das Wort „alive" verwendete. Belegt wurde diese Aussage durch ihre Studie, in der allein die Zuschreibung von „alive" 60% aller animistischen Antworten hervorrief, wohingegen bei den biologischen Eigenschaften wie „schlafen", „wachsen", oder „essen" kaum animistische Fehler auftraten. Sie gehen von einer linguistischen Verwirrung bezüglich des Wortes „alive" aus, da die Kinder mit einem Wort konfrontiert werden, dessen Bedeutung für sie unklar ist, insbesondere wenn es sich um komplexe oder unbekannte Objekte handelt. Carey (1985, S. 35) kritisierte Piagets häufigen Gebrauch des Wortes „alive" dahingehend, dass die Kinder durch sein Verfahren auf genau dieses Wort sensibilisiert werden und dies dazu führen kann, dass das Kind zu einem animistischen Antwortverhalten tendiert. Zusätzlich konstatierte Carey (vgl. 1985, S. 25), dass Kinder den abstrakten Unterschied zwischen „alive – not alive" auch anders verstehen können als intendiert, z.B. „alive – dead", „real – imaginary" und „real – representation." Für manche Kinder kann auch „not alive" gleichbedeutend sein mit „dead" oder „extinct".

Kritik wurde auch bezüglich des Aufbaus der Fragestellung, wie sie Piaget formuliert hatte, laut. Die verwendete Frageform, z.B. „Does the wind know that it moves?" begünstigt animistische Antworten, denn durch das Wort „know" wird dem Kind suggeriert, dass es in Ordnung ist zu denken, dass der Wind etwas wissen könne (Gelman, Spelke & Meck, 1983, S. 320).

Ähnlich formulierte Isaacs (1929, S. 512).

> The form of the question tends strongly to set the child's mind moving in a certain direction, and limits his intellectual scope. (...) 'Is the fly alive?' *Yes*. Why? (...) – must be so easily confusing to the child that one cannot set much theoretical store upon deviations from sense in the replies.

Weiterhin merkte Isaacs (1930, in Huang, 1943, S. 85) an, dass die Frage „warum", welche Piaget verwendet hatte, um eine Begründung für ein vorausgegangenes Urteil zu erhalten, für die Kinder in dieser Form vielleicht gar nicht existiert, sie aber auf die Erwartungshaltung des Interviewers eingehen und demnach nicht ihren eigentlichen Glauben in ihrer Antwort äußern, sondern eine verbale Assoziation.

2.4 Replikationsversuche

Das Thema „kindlicher Animismus“ hatte im Vergleich zu anderen Teilbereichen Piagetscher Werke, wie z.B. das kindliche Verständnis der Erhaltung von Masse und Volumen oder das kindliche Verständnis der Objektpermanenz (vgl. Looft & Bartz, 1969), sehr wenig Interesse hervorgerufen. Über die älteren Arbeiten, welche sich mit dem Animismus auseinandersetzten, geben Looft & Bartz (1969) einen Überblick. Erst in jüngerer Zeit fand das Thema wieder mehr Beachtung und rief vor allem im angloamerikanischen Sprachraum eine Auseinandersetzung hervor. Im deutschsprachigen Raum gibt es m.W. nur vier Arbeiten zum kindlichen Animismus, welche sich vornehmlich mit der Theorie Piagets beschäftigten (Hagleitner, 1981; Buggle & Westermann-Duttlinger, 1987; Mähler, 1995; Pauen, 1997). Ergänzt werden diese Forschungsarbeiten m.W. durch zwei Beiträge der sowjetischen Psychologie (Subbotskii, 1985; Tul'viste, 1982).

Der früheste Replikationsversuch der Piagetschen Studie wurde 1931 von Johnson und Josey durchgeführt. Die größte Differenz zwischen den Ergebnissen ihrer Studie und derjenigen von Piaget fand sich bei Kindern im Alter von 6 Jahren. Johnson und Josey (vgl. 1931, S. 338) fanden kein animistisches und egozentristisches Denken unter ihren Versuchspersonen. Als mögliche Erklärungen für die Kontroverse führten sie den durchschnittlich recht hohen IQ ihrer Testpersonen, die exzellente Schulausbildung und die Zugehörigkeit zur Oberschicht an. Weiterhin wiesen sie darauf hin, dass die englische Sprache als ein Instrument für das logische Denken vielleicht geeigneter als die französische sei (vgl. Johnson & Josey, 1931, S. 339).

Neben den bedeutsamsten Replikationsversuchen von Russel und Dennis (1939, 1941) und Russel (1940a, 1940b) konnten weitere Autoren (vgl. z.B. Bruce, 1941; Jahoda, 1958; Buggle und Westemann-Duttlinger, 1987) animistische Antworten in beträchtlichem Ausmaß finden. Russel und Dennis (1939) entwickelten ein konsequent standardisiertes Verfahren, welches eine einheitliche Versuchsdurchführung und eine quantitative Datenanalyse ermöglichte, um den für sie negativen Faktoren (vgl. 2.2.1) entgegenzuwirken. Sie legten die Darstellung der Fragen, die Zuweisung der Antworten zum Piagetschen Stufenmodell und die Objekte fest. Dennoch konnte der Interviewer, abhängig von den Antworten des Subjekts, seine Fragen variieren. Russel und Dennis (1939) befragten 385 Kinder im

Alter von 3- 15,6 Jahren. Sie begannen mit einer einleitenden Frage: „We are going to play a game. I am going to ask you some questions and we will see how many you can answer. You know what living means? A cat is living but if an automobil runs over it, it is dead"[8] (Russel & Dennis, 1939, S. 392). Die Interwievfrageform folgte: „Is the --- living or dead? Why?" Zwei weitere Fragen wurden miteinbezogen. Die erste setzte sich mit dem Bewegungsstatus auseinander (bewegt vs. stationär). Mit der zweiten Frage sollte geklärt werden, ob das Kind im zweiten oder dritten Stadium zwischen spontaner und extern verursachter Bewegung nach Piaget unterscheiden kann (vgl. Russel & Dennis, 1939, S. 392f). Russel und Dennis (1939) und Russel (1940a, 1940b) haben gezeigt, dass entgegen Piagets Meinung, welcher einer standardisierten Fragetechnik kritisch gegenüberstand (vgl. 2.2), auch mit der Verwendung einer standardisierten Methode animistische Tendenzen aufgezeigt werden können. So konnten von den 385 untersuchten Kindern, im Alter zwischen 3 und 15,6 Jahren, alle außer vier den Stadien von Piaget (vgl. 2.1.3) zugeordnet werden (vgl. Russel und Dennis, 1939). Abweichend von diesen Ergebnissen wies Russel (1940a) in seiner Studie darauf hin, dass mit zunehmendem mentalem und chronologischem Alter die Kinder zwar die verschiedenen Stadien durchlaufen, es dennoch aber nicht möglich ist, das Alter der Stadien festzulegen, bzw. dass alle vier Stadien in allen Altersstufen auftreten können (Russel 1940a, S. 364). Der größte Replikationsversuch wurde von Piagets Schülern Laurendeau und Pinard (1962) unternommen. 500 Kinder im Alter zwischen 4 und 12 Jahren wurden mit einer standardisierten Form des klinischen Interviews getestet. Weitestgehend konnten sie die Ergebnisse Piagets bestätigen, replizieren konnten sie aber nur vier der fünf Stadien. Stadium 0: die Kinder zeigen entweder Unverständnis oder verweigern sich. Stadium 1: animistisches Denken basiert auf den Kriterien „Nützlichkeit", „Bewegung" und Antrophomorphismen. Stadium 2: das Kriterium der autonomen Bewegung, wird von den Kindern mitberücksichtigt, dessen Ursprung ist aber noch nicht ganz klar. Stadium 3: das Erwachsenenkonzept – Tiere, Menschen oder Tiere, Men-

8 Diese einleitende Instruktion wurde in einer Folgestudie (Russel & Dennis, 1941) nicht berücksichtigt. Abgesehen davon, dass bei der Berücksichtigung einer Anleitung schneller und freier geantwortet werden konnte, wurden identische Ergebnisse erzielt.

schen und Pflanzen werden als lebendig angesehen (vgl. Laurendeau und Pinard, 1962, S. 141f).

2.5 Methoden der Datenerhebung und deren Auswertung

Durch die vielseitige Kritik bezüglich des klinischen Interviews, welches von Piaget zur Untersuchung des kindlichen Animismus verwendet wurde, gebrauchten Autoren in den sich anschließenden Folgestudien unterschiedliche und teils neue Erhebungsmethoden, um den kindlichen Animismus zu erforschen. Die Ergebnisse, die sich aus den verschiedenen Studien ergaben, stellen ein kontroverses Bild dar, welches in Abhängigkeit zu der Verwendung verschiedener Methoden der Datenerhebung, Auswertung und der individuellen Begründung und Auffassung steht.

Das standardisierte Verfahren von Russel und Dennis (1939) wurde von einer Vielzahl von Autoren (vgl. z.B. Huang & Lee, 1945; Klingensmith, 1953; Klingberg, 1957; Laurendeau & Pinard, 1962; Smeets, 1973, 1974; Berzonsky, 1973a; Manaster, 1980; Williamson et al. 1982; Sharp et al., 1985; Richard & Siegler, 1984, 1986; Berzonsky, 1988) mit individuellen Abweichungen bezüglich der Objektwahl, den Inhalten in den gestellten Fragen und den Resultaten verwendet. Freiere Interviewformen wurden dennoch weiterhin angewandt (vgl. z.B. Gelman, Spelke & Meck, 1983; Buggle & Westermann-Duttlinger, 1987; Hagleitner, 1981).

Autoren wie z.B. Holland & Rohrmann, 1979; Beveridge & Davies, 1983; Dolgin & Behrend, 1984; Massey, 1988, welche vor allem jüngere Kinder mit in die Untersuchung einbezogen, versuchten den verbalen Anteil in den gestellten Fragen auf ein Minimum zu reduzieren, indem sie Sortieraufgaben einsetzten. Abbildungen von verschiedenen belebten und unbelebten Objekten sollten von den Kindern bezüglich verschiedener Attribute anhand von zwei vorgegebenen Optionen (ja/nein), sortiert werden. Holland und Rohrmann (1979) begründeten ihre Vorgehensweise damit, den kindlichen Animismus zu untersuchen als

> It was felt that a modified type of categorization procedure, a forced- choice card – sorting task, would be less liable to control by extraneous variables than is the traditional Piagetian questioning technique with the child merely answering yes or no. That procedure is particularly susceptible to random guessing and romancing on the part of the child,

> perservation of initial responses to remaining questions (without the child's attending to the meaning of the questions), and experimenter suggestion when the child perceives that a certain response is favored (Holland & Rohrmann, 1979, S. 371).

Anzumerken ist, dass bei dieser Form der Erhebung die Kinder ihr Wissen zwar nicht explizit verbalisieren; dennoch müssen auch hier die Fragen von ihnen im Vorfeld verstanden werden (vgl. Mähler, 1995, S. 65).

Im Gegensatz zu dieser nonverbalen Erhebungsmethode testeten einige Autoren (vgl. z.B. Schwartz, 1980; Tunmer, 1985; Berzonsky et al., 1988; Margand, 1977; Mähler, 1995) animistische Auffassungen bzw. das Wissen der Kinder über die Lebendigkeit verschiedener Objekte im sprachlichen Kontext. Es wurde sowohl die Wohlgeformtheit von Sätzen von den Versuchspersonen beurteilt als auch bei einigen der Verfahren unkorrekte Sätze korrigiert, in welchen meist ein unbelebtes Subjekt mit einem belebten Objekt in Verbindung gebracht wurde, z.B. „the pretty lamp sleeps in the corner" (Schwartz 1980, S. 366). Einen Nachteil dieser Satzbeurteilungsaufgabe sieht Mähler (vgl. 1995, S. 66) selbst in dem hohen Anspruch an das verbale Verständnis der Kinder.

Autoren wie Bullock (1985) und Richards und Siegler (1986) zeigten den Kindern Videofilme von lebendigen und unlebendigen Objekten. Dadurch konnten gezielt nichtlebendige Objekte in Bewegung versetzt werden und somit ein für die Autoren klareres Bild bezüglich der Merkmale für die Zuschreibung einer Lebendigkeit erzielt werden.

Die verschiedenen Studien unterscheiden sich aber nicht nur bezüglich der verwendeten Erhebungsmethode, sondern auch hinsichtlich der verwendeten Objekte, der Variablen, des Alters der untersuchten Kinder, der Strenge des Klassifikationskriteriums sowie der Herangehensweise, wie die ermittelten Daten ausgewertet wurden. Die Strenge des Klassifikationskriteriums spielt hierbei neben den anderen Nennungen eine wichtige Rolle, da Huang und Lee (1945), Klingensmith (1953) und Klingberg (1956) laut Richards und Siegler (1984)

> were also far less stringent in their criteria, concluding that children understood the concept of life if most of their answers were correct. Laurendeau & Pinard, Dennis and Carey

> classified children as not identifying life with living things if they judged even one inanimate object to be alive (S. 1688).

Die Autoren (vgl. z.B. Huang & Lee, 1945; Oakes, 1947; Klingensmith, 1953; Klingberg, 1957) stützten sich bei der Auswertung ihrer Daten nur auf die „ja/nein"-Urteile der Kinder. Allgemein ist festzuhalten, dass bei einer auf den Häufigkeiten der „ja/nein"-Urteile beruhenden Analyse die Gefahr besteht, „(...) to foster the illusion that there is little animism present within the pool of subjects" (Looft & Bartz, 1969, S. 6). Piaget und seine Befürworter hingegen (vgl. Laurendeau & Pinard, 1962; Russel & Dennis, 1939) interessierten sich in ihrer Datenauswertung für die interne Kongruenz der Antworten und Begründungen, welche die Kinder gaben, und ordneten daraufhin jedes Kind einem Stadium zu.

Diejenigen Autoren, welche eine zusätzliche Erklärung zum abgegebenen Urteil von den Kindern verlangten und diese Ergebnisse in ihrer Datenauswertung berücksichtigten, erhalten nach Looft und Bartz (1969) ein korrekteres Ergebnis.

> It seems imperative that if one is to estimate correctly any single child's true level of thinking, a global analysis of the entire pattern of his responses is necessary. Even a correct assignment of an object into an animate or inanimate category is often followed by an explanation steeped in a context of very primitive thinking (S. 6).

Smeets (vgl. 1973, S. 224) fand heraus, dass animistische Gedanken der Kinder sowohl zu verschiedenen animistischen, deanimistischen als auch zu korrekten Antworten führen können. Bewertet und berücksichtigt man nur die Anzahl der Antworten, bei welchen ein Kind einem unlebendigen Objekt Leben zuspricht, und evaluiert nicht die Erklärungen des Kindes, kann dies verantwortlich für die widersprüchlichen Resultate der Studien sein. Auch Laurendeau und Pinard sehen in der uneinheitlichen Analyse der Ergebnisse den Grund für die Kontroverse, die sich durch die gesamte Animismusforschung zieht, aber „(...) the necessary details for the evaluation of the procedures of statistical analysis, or simply the evaluation of criteria for the classification of answers, are never completely given" (Laurendeau und Pinard, 1962, S. 29) und somit kann auch eine vorangegangene Studie nie genau repliziert werden. Dadurch ist es nicht verwunderlich, dass „(...) the technique of analysis obviously has a strong influence on the result to be expected" (Laurendeau und Pinard, 1962, S. 32). Folglich können trotz der Verwendung derselben Methode unterschiedliche Ergebnisse erzielt werden. Russel und Dennis (1939) bestätigten z.B. in ihrer Fragebogenstudie Piaget's Ergebnisse, Huang und Lee (1945) fanden hingegen kaum animistische Antworten unter ihren Versuchspersonen. Interessanterweise prüfte Strauss (vgl. 1951, S. 112) die Originaldaten von Huang und Lee (1945) nach und kam zu dem Schluss, dass die Ergebnisse so offen für Interpretationen waren, dass sie auch als Befürwortung der Piagetschen Hypothese hätten gedeutet werden können.

Obwohl z.B. Deutsche (1937), Huang und Lee (1945), Klingensmith (1953), Klingberg (1957) sowie Russel und Dennis (1939) generell zu übereinstimmenden Ergebnissen kamen, wurde die Theorie, dass animistische Tendenzen ein normales Phänomen sind, nur von Russel und Dennis vertreten. Demnach ist der Standpunkt bzw. die subjektive Theorie der Autoren besonders zu beachten.

Trotz der Vielzahl von kontroversen Ergebnissen ist zu vermerken, dass es weder Studien gibt, in welchen ausschließlich animistische Tendenzen auftreten, noch Studien, in welchen animistische Aussagen gänzlich fehlen.

2.6 Methodenvergleich in Studien

Bezogen auf die kontroversen Ergebnisse starteten einige Autoren den Versuch, verschiedene Methoden miteinander zu vergleichen, um herauszufinden, inwieweit animistische Tendenzen methodenabhängig sind. Looft (1973, 1974) und Williamson (1981) fanden keinen Unterschied zwischen einer verbalen Interviewmethode und einer Kartensortieraufgabe. Hagleitner (1983) konnte keinen signifikanten Unterschied zwischen den Ergebnissen einer Sortieraufgabe und eines klinischen Interviews nachweisen. Obwohl Mead (1932) nicht ausdrücklich einen Vergleich zwischen ihren angewandten Verfahren verbalisierte, belegt sie übereinstimmende Resultate. Looft merkte an: „It is possible, of course, that children's understanding of the concept 'life' is uneffected by the laboratory situations we create for them in which to demonstrate this understanding" (Looft, 1973, S. 61). Mähler (1995) hingegen kam zu dem Schluss, dass „(...) Kinder durch die Sortieraufgabe zu einer realitätsorientierten Wissensaktivierung angeregt, durch die Satz- oder Fragenbeurteilungsaufgabe jedoch zu phantasieorientiertem Denken verleitet (werden)" (S. 199). Margand (vgl. 1977, S. 572) verwendete drei verschiedene Methoden (Satzergänzungsaufgabe,

Sortieraufgabe und „oddity task"), um das Verständnis von Kindern im Alter zwischen vier bis sieben Jahren und College-Studenten bezüglich des animistischen Konzeptes zu testen. Bei den jüngeren Kindern traten deutlich mehr „Fehler" bei der Satzergänzungsaufgabe als bei der Sortieraufgabe auf. Williamson et al. (1982) verglichen das Ausmaß an animistischen Antworten hinsichtlich der Urteile und Begründungen. Die Kinder zwischen drei und sechs Jahren wurden zuerst nach ihrem Urteil befragt („ist ... lebendig?"), dann nach ihrer Begründung („woher weißt du das?") und daraufhin wurde die Standhaftigkeit der Kinder auf die Probe gestellt, indem sie durch eine nachträgliche Veränderung des Hauptmerkmals in der Frage zu einer wiederholten Begründung aufgefordert wurden („ist ... lebendig, wenn es ... tut?") (vgl. S. 464). Die Ergebnisse zeigten, dass allgemein sehr wenige richtige Begründungen abgegeben worden waren. Die jüngeren Kinder waren weniger standhaft bei ihren Entscheidungen als die älteren Kinder. Somit wurden durch diese Ergebnisse die Untersuchungen der Befürworter Piagets unterstützt. Die älteren Kinder hingegen ließen sich nicht von ihrem Urteil abbringen, auch wenn ihre Begründung nicht korrekt war. Williamson et al. (vgl. 1982, S. 465) schließen daraus, dass die älteren Kinder den Unterschied zwischen lebendigen und unlebendigen Objekten kennen, auch wenn sie keine adäquate Erklärung verbalisieren konnten. Somit kann man annehmen, dass die verbale Befragung insgesamt aufschlussreicher als die nonverbale Befragung ist.

Die Ergebnisse im Methodenvergleich stellen ein heterogenes Bild dar. Inwieweit animistische Tendenzen verfahrensabhängig sind, wird in der eigenen Untersuchung neu aufgerollt und nachgewiesen werden.

2.7 Die Objekte in der Befragung

Piaget verwendete für seine Untersuchung verschiedene belebte und unbelebte Objekte. Seine Miteinbeziehung der Naturphänomene (scheinbar eigenbewegte Objekte) führte zu einer Reihe von kritischen Hinterfragungen, bei welchen angemerkt wurde, dass die Auswahl der Objekte einen großen Einfluss auf animistische Antworten hat bzw. verantwortlich für animistische Antworten ist (vgl. z.B. Dolgin & Behrend, 1984; Bullock, 1985; Richards & Siegler, 1984; Sharp et al., 1985; Berzonsky, 1971; Nass, 1956; Jahoda, 1958).

> (..) consider the objects about which children have been interviewed: the moon, the sun, rivers, the wind. These are not things that are well-known to a child. (...) they mimic one important feature of animate objects: they move without an apparent external cause. It is possible that children answer questions about these objects incorrectly out of ignorance or confusion (Gelman, Spelke & Meck, 1983, S. 298).

Dolgin und Behrend (vgl. 1984, S. 1649) fanden in ihrer Studie heraus, dass Kinder im Alter zwischen 3 und 9 Jahren einerseits bei den prototypischen Objekten fast keine animistischen „Fehler" machten, andererseits ihre Fehlerzahl bei den weniger prototypischen Objekten anstieg. Gewichtung findet dieses Ergebnis durch eine vorangegangene Untersuchung von Berzonsky (vgl. 1971, S. 711), welcher einen direkten Vergleich zwischen verschiedenen vertrauten und unvertrauten Objekten durchführte. Die Kinder wurden zu defekten, bekannten und räumlich fernen (v.a. meteorologischen oder astronomischen) Objekten befragt. Die Resultate bestätigten, dass die Bekanntheit eines Objektes ein entscheidender Faktor für dessen Erklärung ist (vgl. Berzonsky, 1971, S. 711).

Laurendeau und Pinard erläuterten die Objektabhängigkeit animistischer Tendenzen schon 1962 folgendermaßen:

> It is (..) quite natural that the first objects which lose their animistic character are precisely those with which the child is most familiar, which he has handled frequently, and the lifelessness of which he has most readily experienced. Animism would thus persist for a more or less prolonged period depending upon the nature of the objects. At the end of this evolution, the only animated objects are those which the child knows less about, and which are more distant and divorced from his concrete experience. This, however, is no reason for denying the generality of the initial animistic tendency (Laurendeau und Pinard, 1962, S. 51).

Die Objekte, welche in einer Untersuchung verwendet werden, sind ein signifikantes Merkmal, um animistische Tendenzen aufzudecken. Beachtet man aber nur prototypische Objekte, kann dieses Denken nicht aufgezeigt werden. Studien, welche sich nur auf bekannte Objekte stützen, können demnach das animistische Phänomen nicht erfassen.

2.8 Das Kriterium der Bewegung

Dieses Kapitel und die sich daran anschließenden Kapitel der neueren Animismusforschung behandeln den kindlichen Animismus nicht mehr als ganzheitliches Phänomen im Sinne Piagets, sondern beziehen sich auf Teilaspekte der kindlichen Entwicklung.

Piaget bezeichnete das Kriterium der Bewegung als eines der wichtigsten Klassifikationsmerkmale, durch welche das Kind zwischen der Lebendigkeit und Unlebendigkeit unterscheidet. Die Nichtdifferenzierungsfähigkeit zwischen autonomer und extern verursachter Bewegung wirkt sich demnach auch auf das Auftreten animistischer Tendenzen und Antworten aus (vgl. Piaget, 1988, S. 183). Denn bevor das Kind das dritte Stadium erreicht, sind für das Kind alle Objekte lebendig, welche irgendeine Form der Bewegung aufzeigen.

Schon Sully (1897) fasste die große Bedeutung des Bewegungskriteriums für das kindliche Denken folgendermaßen zusammen:

> Die Bewegung ist die klarste und eindrucksvollste Kundgebung des Lebens. Alle dem Anscheine nach spontanen oder selbstverursachten Bewegungen werden demgemäß von den Kindern (...) so aufgefasst, als wenn sie ein Zeichen des Lebens, das Ergebnis von etwas wären, das ihren eigenen Impulsen ähnlich ist. (...) Der Trieb des Kindes, den sich bewegenden Dingen Leben zuzuschreiben, kann dasselbe zur Nichtbeachtung der Tatsache verleiten, dass die Bewegung von einer äußeren Kraft verursacht wird, und dies sogar dann, wenn die Kraft durch das Kind selbst geäußert wird (S. 88f).

Zahlreiche Studien und wissenschaftliche Beiträge bestätigen, unabhängig von ihrer Herangehensweise und ihrer Einstellung gegenüber der Piagetschen Theorie, dass das Bewegungskriterium eines der Hauptmerkmale für die kindliche Unterscheidung zwischen dem Lebendigen und Unlebendigen ist (vgl. z.B. Huang, 1943; Laurendeau & Pinard, 1962; Margand, 1977; Berzonsky, 1971, 1973a, 1974; Beveridge & Davies, 1983; Gelman, Spelke & Meck, 1983; Massey & Gelman, 1988, Richards & Siegler; 1984, Schwartz, 1980; Dolgin & Behrend, 1984; Sharp et al., 1985; Buggle & Westermann-Duttlinger, 1987).

Um die Bedeutung des Bewegungskriteriums für das kindliche Verständnis besser erfassen und beschreiben zu können, widmeten sich die Autoren jüngerer Studien ausschließlich diesem Phänomen.

So wurde z.B. die Manipulierbarkeit animistischer Aussagen untersucht (vgl. z.B. Berzonsky, 1988; Richards & Siegler, 1984; Schwartz, 1980, Sharp et al., 1985; Bullock, 1985). Berzonsky (1988) konnte anhand von Abbildungen von Objekten auf Karten, welche sich entweder in bewegtem oder unbewegtem Status befanden, animistische Antworten vor allem bei den vier- bis fünfjährigen Kindern forcieren (vgl. Berzonsky, 1988, S. 300). Richards und Siegler (1984) konnten durch eine verbale Testaufgabe, in welcher der Bewegungszustand besonders hervorgehoben wurde, z.B. „Jimmy sat waiting his turn. Was Jimmy alive while he was sitting still?" (Richard & Siegler, 1984, S. 1694), animistische Aussagen vermehrt hervorrufen. Eine Reduzierung der Hervorhebung des Bewegungskriteriums führte zu einer deutlichen Verminderung animistischer Aussagen; die Lebendigkeit eines Objektes wurde nicht mit Bewegung gleichgesetzt (vgl. Richard & Siegler, 1984, S. 1695).

Andere Studien beschäftigten sich gezielt mit verschiedenen Bewegungsarten und deren Bedeutung für das kindliche Verständnis. Richards und Siegler (1986) testeten, ob Kinder verschiedene Bewegungsarten unterscheiden können und ob diese abhängig von einer Lebendigkeitszuschreibung sind: „goal directedness, movement apparatus, terrain, and spontaneity" (Richards & Siegler, 1986, S. 14). Belegt wurde, dass schon Kinder im Alter von fünf Jahren zwischen verschiedenen Bewegungsarten unterscheiden können und diese sich auch auf die Zuschreibung der Lebendigkeit eines Objektes auswirken (vgl. Richards & Siegler 1986, S. 18). Darüber hinaus schrieben ältere Kinder Objekten mit einem gliedmaßenähnlichen Bewegungsapparat öfter Leben zu als Bewegungsapparaten mit Rädern. Weiterhin konnten auch schon Kinder im Kindergartenalter zwischen biologischer und nicht-biologischer Bewegung unterscheiden (vgl. Richards & Siegler, 1986, S. 20). Massey und Gelman (1988) legten drei- und vierjährigen Kindern unbekannte Objekte auf Fotos vor, darunter waren Säugetiere, sonstige Tiere, Statuen mit tierähnlicher Form oder tierähnlichen Teilen, Fahrzeuge mit Rädern und unbewegliche Objekte. Die Kinder mussten entscheiden, ob diese Objekte sich von alleine einen Berg hoch bzw. hinunter bewegen können. Erstaunlicherweise waren die Kinder in der Lage, richtige Entscheidungen bezüglich der Eigenbewegung und auch der Lebendigkeit der Objekte zu treffen. Massey und Gelman (vgl. 1988, S. 316) gehen davon aus, dass die Kinder ausführlichere und zusammenhängendere Kenntnisse haben, als im Vorfeld angenommen worden war. Diese Auffassung kann untermauert werden durch die frühere Untersuchung von Golinkoff und Harding (1980), welche belegten, dass Kinder im Alter von nur zwei Jahren erstaunt waren, wenn sie einen Stuhl sahen, welcher sich anscheinend von alleine fortzubewegen schien.

Diese Ergebnisse zeigen, dass schon Kinder im Kindergartenalter nicht alleine nur die Bewegung als Entscheidungskriterium zwischen belebt und unbelebt nutzen, sondern dass sie die autonome und evozierte Bewegung in ihre Entscheidung mit einbeziehen. Piaget bestätigt diese Auffassung dahingehend, dass das wesentliche Moment der korrekten Lebendigkeitszuschreibung in einem Verständnis der Verursachung von Bewegung liegt. Dieses Verständnis scheint jedoch um einiges früher aufzutreten, als Piaget angenommen hatte.

> Basic knowledge of objects and the cause of their movements may develop in very early childhood with no explicit instruction and serves as a basis for the acquisition of further knowledge about the physical and biological world (Gelman, Spelke & Meck, 1983, S. 323).

Auch wenn diese Schlussfolgerungen und Ergebnisse zeigen, dass schon sehr junge Kinder zwischen spontaner und evozierter Bewegung unterscheiden können und nicht-animistische Antworten geben, so unterlaufen ihnen dennoch „Fehler" bezüglich des Bewegungscharakters meteorologischer Phänomene und Himmelskörper. So merkten Laurendeau und Pinard (1962) an:

> (...) the child persists for a long time in deluding himself about the real source of the movement of objects. The more removed these objects are from his experience or his direct knowledge, the more persistent these illusions: accordingly, animism will recede much more rapidly in his answers on mechanical objects (e.g., *bicycle, automobile*) than in those on natural phenomena (*e.g., sun, wind,* and so on) (S. 147).

2.9 Weitere Lebendigkeitskriterien

> We submit that a child manifesting animism is in the same position as a bird in the presence of a scarecrow. The more anything partakes of the typical properties of living things, the more likely it would be for it to be taken animistically. Motion, especially spontaneous motion, is perhaps the most important (Huang, 1943, S. 115).

Ausgehend von den vorangegangenen Ergebnissen, sollen nun kurz im Folgenden weiterführende Ergebnisse aufgeführt werden, welche die Bedeutung des Bewegungskriteriums abschwächen (vgl. Gelman, Spelke & Meck, 1983; Schwartz, 1980; Sharp et al., 1985). Laurendeau und Pinard (vgl. 1962, S. 144) wiesen darauf hin, dass die Bewegung nicht das ausschließliche Kriterium für die Unterscheidung zwischen lebendig – nicht-lebendig ist, sondern dass z.B. anthropomorphe Eigenschaften und die Nützlichkeit eines Objektes zusätzliche Unterscheidungsträger sind. Sharp et al. (1985) belegten, dass auch jüngere Kinder z.B. biologische Eigenschaften heranziehen, um den Grund für die Lebendigkeit eines Objektes zu beschreiben („I have a brain and can think") und dass sie abhängig vom Objekt verschiedene Kriterien, welche untereinander austauschbar sind, zu ihrer Beschreibung einsetzen (vgl. 1985, S. 62f). Lucas et al. (1979) ließen 944 Kinder zwischen der 2. und 10. Klasse so viele Kriterien wie möglich aufschreiben, um ein ihnen unbekanntes Objekt als lebendig oder unlebendig zu klassifizieren. Die Ergebnisse konnten in die Hauptkategorien „Expert advice", externale Struktur (z.B. Mund, Augen, Nase), internale Struktur und/oder chemische Zusammensetzung (z.B. Blut, Zellen), physiologische Funktionen (z.B. Puls, Herzschlag), Verhalten (Bewegungsarten) und irrelevante Antworten zusammengefasst werden (vgl. Lucas et al., 1979, S. 107). In allen Altersstufen wählten mehr als 40% der Kinder Kriterien für die Definition der Lebendigkeit, welche auf einer externalen Struktur basierten. Abhängig vom zunehmenden Alter wurden verstärkt internale Strukturen wie z.B. technische (Zellen) und gemeinsame (Blut), physische Funktionen (Herzschlag und / oder Atmen, Stoffwechsel) und auch Verhaltenskriterien wie Geräusche verwendet. Die Wichtigkeit des Bewegungskriteriums wird aufgrund dieser Ergebnisse reduziert und das kindliche Verständnis bezüglich der Lebendigkeit eines Objektes basiert somit auf mehr als nur auf dem Bewegungskriterium (vgl. Lucas et al. 1979, S. 119f). Richards und Siegler (1986) stellten in ihrer Untersuchung mit Kindern zwischen vier und elf Jahren fest, dass bis zum 7. Lebensjahr zwar eher charakteristische Merkmale, vor allem Bewegung, Sprechen und Geräusche machen, als Lebendigkeitsattribute gelten, aber auch definierende Merkmale wie z.B. atmen, Reproduktionsfähigkeit, sterben wurden genannt, welche mit zunehmendem Alter durch weitere definierende Merkmale ergänzt wurden (vgl. Richards & Siegler, 1986, S. 6f).

Andere Autoren befassten sich mit der Ähnlichkeit von Objekten vs. der Zugehörigkeit zu einer übergeordneten Kategorie (vgl. z.B. Carey, 1985; Inagaki & Sugiyama, 1988). Carey (1985) belegte, dass vierjährige Kinder einen Ähnlichkeitsvergleich mit Menschen im phylogenetischen Sinne machen, wenn sie ein Objekt als lebendig oder nicht lebendig klassifizieren. Zehnjährige Kinder hingegen machen ihre Zuschreibung von Eigenschaften von der Zugehörigkeit einer übergeordneten Kategorie abhängig. Ausgehend von diesen Ergebnissen scheint es, dass ein Wechsel der Zuschreibungsart zwischen dem vierten und zehnten Lebensjahr stattfindet.

2.10 Animistische Tendenzen vs. defizitäres Wissen

Piaget betrachtete den kindlichen Animismus als Ausdruck einer präkausalen Denkstruktur, welche von Beginn an existiert (vgl. Piaget, 1988, S. 207). Unterstützt wurde seine Sichtweise nicht nur von älteren Untersuchungen (z.B. Russel & Dennis, 1939; Laurendeau & Pinard, 1962), sondern auch von Untersuchungen neueren Datums (z.B. Hagleitner; 1983; Buggle & Westermann-Duttlinger, 1987). Das Kind begegnet der Welt mit Egozentrismus und kann erst in seiner fortschreitenden Entwicklung zwischen dem Ich und der Außenwelt und somit auch zwischen Leblosem und Lebendigem, zwischen Bewegung und Eigenbewegung, zwischen Aktivität und Passivität bzw. zwischen intentionaler und mechanischer Kraft unterscheiden, wenn es sich seiner selbst und seines Denkens bewusst wird (vgl. Piaget, 1988, 206f). Von Anfang an war die Interpretation einer präkausalen Denkstruktur des Kindes um-stritten (vgl. z.B. Isaacs, 1929; Huang & Lee; 1945; Klingberg, 1957; Klingensmith, 1953).

Isaacs kritisierte, dass Piaget davon ausging, dass Kinder eines bestimmten Alters immun gegenüber dem Wissen und der Logik seien. Sie erkannte den kindlichen Animismus nicht als eine eigene, vom Erwachsenen unabhängige Denkstruktur an, sondern allein durch die Aneignung von Wissen und das Sammeln von Erfahrungen lerne das Kind, zwischen der Lebendigkeit von Objekten und deren Unlebendigkeit zu differenzieren.

> The untrained, undisciplined and ignorant mind is, *of course*, egocentric, precausal and magical, in proportion to its ignorance and lack of discipline. But after infancy it is not accurate to represent it as ignorant merely *because* of its egocen-

> tricity – it is egocentric in large part because of its ignorance and lack of organised experience (Isaacs, 1929, S. 511).

Eine etwas andere Sichtweise vertrat Moriarty (vgl. 1961, S. 160), die sich aber auch auf den Wissenszuwachs stützte, um animistische „Fehler“ zu erklären, indem sie die kindliche Ausdrucksweise als von Beginn an animistisch ansah. Die kindlichen Lernerfahrungen sind mit dem Kind selbst verbunden und es greift auf diese Ausdrucksweisen zurück, bis ihm neue verbale Symbole dargeboten werden oder es selbst welche erworben hat. Zusätzlich intensivieren ihrer Meinung nach Filme, Bücher, Cartoons und die erwachsene Reaktion auf die kindliche Ausdrucksweise mit animistischen Antworten zu reagieren, die bestehenden falschen Auffassungen.

Huang und Lee (1945), Klingensmith (1953) und Klingberg (1957) stellten eine Konzeptdifferenzierungstheorie auf, auf welche sie ihre Ergebnisse bezüglich des kindlichen Animismus zurückführten. Sie basiert auf dem Gedanken, dass die Zuschreibung von Leben und Lebendigkeitsmerkmalen auf unlebendige Objekte nicht auf einer eigenen kindlichen Denkstruktur basiert. „There are no findings that suggest that the thinking of children, even before the age of seven, is a function of a fundamentally other mental structure than that of the adult" (Klingberg, 1957, S. 236). Die animistischen Antworten, welche von Kindern gegeben werden, „(...) do not show the animism of Piaget but they show the difficulties of the children to come to a true understanding of the surrounding world" (Klingberg, 1957, S. 237). Zu viel Gewicht wurde auf die kindliche Aussage gelegt, denn wenn „(...) a child states that an inanimate object is alive (...), he means much less by this term than most adults do, and much less than Piaget seems to have implied that the child means" (Klingensmith, 1953, S. 61). Das kindliche Denken basiert nicht auf einem universellen Animismus, welcher sich langsam zum Physikalismus entwickelt (vgl. Huang & Lee, 1945, S. 69), sondern „(...) the growth goes from ignorance to better and better knowledge" (Klingberg, 1957, S. 236). So wurden die in ihren Studien aufgefundenen animistischen „Fehler“ nicht als Teil des kindlichen Denkens angesehen, sondern als Zeichen einer zunehmenden Konzeptdifferenzierung. Die „Fehler“, die dem Kind zwangsläufig unterlaufen, um zwischen belebten und unbelebten Objekten zu unterscheiden, stellen einen Mangel an Informationen dar und folglich unterscheidet sich das kindliche Denken nur quantitativ, nicht aber qualitativ vom Denken des Erwachsenen. Die Konzeptdifferenzierungshypothese entspricht hinsichtlich ihrer Interpretation des kindlichen

Animismus der Wissensdefizithypothese (vgl. Mähler, 1995, S. 71). Der Mangel an Wissen wird als animismusgenerierender Faktor angesehen und ist somit ein Vorläufer der Wissensdefizithypothese, welche mit dem Aufkommen der Informationsverarbeitungsmodelle und dem damit verbundenen Interesse für bereichsspezifische Wissensentwicklung bei der theoretischen Interpretation des Animismus Verwendung findet.

Die früheren Untersuchungen, abgesehen von den oben erwähnten, beschäftigten sich tendenziell eher damit, die Piagetsche Sichtweise und sein vorgestelltes Stadienmodell zu bestätigen oder abzulehnen. Die jüngeren Untersuchungen berücksichtigen nur noch in geringem Ausmaß das gesamte theoretische Konzept PiagetS. Sie suchen vor allem nach alternativen Ansätzen bzw. Erklärungen des kindlichen Animismus und beschäftigen sich nur noch mit Teilaspekten der kindlichen Entwicklung. Unter anderem die Konzepte der Kinder von „belebt" und „unbelebt" und welche Bewegungsarten differenziert werden können bzw. welche animistische Tendenzen forcieren (vgl. 2.10). Diese Konzepte versucht man wiederum in die allgemeine kognitive Entwicklung einzugliedern. Diesen jüngeren Forschungen, die mehrheitlich die Piagetsche Sichtweise und die Zuschreibung einer qualitativ eigenen Denkstruktur diskreditieren, ist gemeinsam, dass sie animistische Antworten als Folge eines Mangels an Wissen über die reale Welt ansehen. Neben Wolfinger (1982) und Dennis (1953), die sich mit dem Animismus vs. biologisches Wissen auseinandersetzten, ist es vor allem Carey (vgl. 1985, S. 1649), welche davon ausgeht, dass animistische Antworten auf einem inadäquaten biologischen Wissen beruhen und dass dessen Rückgang auf dem Erwerb biologischen Wissens basiert. Dolgin und Behrend (vgl. 1984, S. 1649) sehen animistische Tendenzen hervorgerufen durch ein unvollständiges Wissen über die Eigenschaften von Objekten, und dieses lückenhafte Wissen führt zu animistischen Aussagen, die jedoch nicht dem tatsächlichen Glauben der Kinder entsprechen. Dem Kind unterlaufen „Fehler", während es lernt, das Konzept „Leben" zu verstehen und wie und wo es ihm einzelne Merkmale zuordnen muss (vgl. Holland & Rohrmann, 1979, S. 377).

Geht man davon aus, dass animistische „Fehler" auf einem Mangel an Wissen basieren, so müsste dies durch Wissenszuwachs in Form von z.B. biologischen Unterweisungen behoben werden können. Looft und Charles (vgl. 1969, S. 445) konnten in ihrer Untersuchung mit Kindern im Alter zwischen sieben und neun Jahren zeigen, dass durch einen Film, der biologische Naturgesetze des Lebens behandelte, die Unterscheidung zwischen Lebendigem und Unlebendigem von den Kindern gelernt werden konnte. Aufgrund ihrer Ergebnisse schließen sie, dass „children may learn concepts more readily than Piagetian structural theory supposes possible" (Looft & Charles, 1969, S. 445).

Im Gegensatz zu der oben erwähnten Untersuchung und Ergebnissen von z.B. Dennis 1953; Slaughter & Lyons, 2003; Crannell 1954 zeigten Crowell und Dole (1957), Mikulak (1970), Simmons und Gross (1957), dass nicht-animistisches Denken nicht auf Bildung zurückzuführen ist und animistisches Denken nicht durch Bildung behoben werden kann. So konnte weder ein Zusammenhang zwischen einer Abnahme animistischer Antworten und einer Zunahme der Studienjahre gefunden werden noch nachgewiesen werden, dass das biologische Vorwissen einen Einfluss auf nicht animistisches Antwortverhalten hat (vgl. Crowell & Dole, 1957, S. 394). Ein direkter Vergleich zwischen College-Studenten mit und ohne spezielle biologische Unterweisung führte zu keinem signifikanten Unterschied in den Resultaten (vgl. Mikulak, 1970, S. 59). Breites Grundwissen in Biologie, Chemie und Physik sind keine ausschlaggebenden Faktoren bezüglich einer Verringerung oder Abwesenheit animistischer Tendenzen (vgl. Simmons & Gross, 1957, S. 185). Die Ergebnisse der verschiedenen Studien lassen auf kein homogenes Resultat schließen.

Geht man jedoch davon aus, dass animistische Tendenzen aufgrund eines lückenhaften Wissens über die Welt und Kinder generell oft unsicher bezüglich der genauen Merkmale von Objekten sind, so müsste nicht nur unlebendigen Dingen Leben zugesprochen, sondern auch lebendigen Dingen Leben abgesprochen werden. Mit deanimistischen „Fehlern" befasste sich erstmals Smeets (1973). Es folgten eine Reihe von Untersuchungen (z.B. Margand, 1977; Manaster, 1980; Dolgin & Behrend, 1984; Bullock, 1985). Die Resultate belegten, dass animistische „Fehler" altersunabhängig sind. Bullock (1985) schlussfolgerte:

> (...) that children's misattributions of animacy do not arise from a general 'animistic' attitude toward all objects. The 3-year-olds were no more likely to err in giving inanimate objects animate properties than the other way around. (...) children's failures to clearly distinguish the animate and inanimate properties of objects arise from a general uncer-

tainty about the precise properties of many objects, regardless of object type (Bullock, 1985, S. 223f).

Sieht man den kindlichen Animismus als Ausdruck eines Wissensdefizites an, ist nicht die Überwindung des Egozentrismus und das wachsende Verständnis für physikalische Kausalitäten der Grund für dessen Überwindung bzw. für dessen Rückgang, sondern verantwortlich ist allein ein Wissenszuwachs. Gelman, Spelke und Meck (1981) sowie Mähler (1995) konnten hingegen in ihren Studien zeigen, dass bereits dreijährige Kinder zwischen Lebewesen (in erster Linie Menschen) und unbelebten Objekten anhand mentaler, kommunikativer und biologischer Eigenschaften unterscheiden konnten. Ein defizitäres Wissen über das Konzept „Leben“, so Mähler (vgl. 1995, S. 206), ist demnach nicht gegeben.

Generell ist festzuhalten, dass im Gegensatz zur strukturgenetischen Sichtweise Piagets, welcher im animistischen Denken eine Vermengung zwischen der Welt und dem kindlichen Geist sah, die abhängig vom egozentristischen Weltbild des Kindes ist, die Vertreter der Wissensdefizithypothese davon ausgehen, dass animistische Tendenzen einen Mangel an Kenntnissen über die Merkmale und Gültigkeitsbereiche des Lebendigen darstellen.

2.11 Neuere Untersuchungen und Ansätze

Die neueren Ansätze in der Entwicklungspsychologie, welche schon in den vorherigen Kapiteln inhaltlich erläutert wurden, werden an dieser Stelle kurz abstrakt vorgestellt, aber nicht näher interpretiert, da generell die bereichsspezifische Forschung in dieser vorliegenden Arbeit und speziell bezogen auf die nachfolgende eigene Untersuchung nicht von Relevanz ist.

In den 80er Jahren wurden die dominierenden bereichsübergreifenden Stadientheorien durch neuere Ansätze in der kognitiven Entwicklungspsychologie entkräftet. Im Rahmen der Forschung zu spezifischen Inhalten der Wissensentwicklung rückten „naive“ Theorien über die Biologie (vgl. z.B. Keil, 1989), Psychologie (vgl. z.B. Wellman, 1990) und Physik (vgl. z.B. Spelke, 1990) in den Vordergrund. Verschiedene Untersuchungen der letzten Jahre beschäftigen sich mit dem intuitiven Wissen naiver kindlicher Theorien und vieles deutet darauf hin, „dass das kindliche Wissen ab einem sehr frühen Alter – möglicherweise im Kern schon bei der Geburt – in bereichsspezifischen Rahmentheorien organisiert ist“ (Mähler, 1999, S. 61). Generell besteht ein besonderes Interesse im Rahmen der Forschung zur Wissensentwicklung der jüngeren Zeit gegenüber der bereichsspezifischen Analyse über das Wissen des Kindes (vgl. z.B. Pauen, 1996a; 1996b; Pauen & Zauner, 1999; Carey, 1985; Gelman, 1988; Keil, 1991; Springer & Keil, 1991, Gelman & Medin, 1993). Einen generellen Überblick über diese neueren Forschungsansätze in der Entwicklungspsychologie bezogen auf den kindlichen Animismus geben Mähler (1999) und Pauen (1997). Diese neueren Ansätze behandeln generell aber nur spezifisches Wissen der Kinder und vernachlässigen bereichsübergreifende Aspekte der kindlichen Denkentwicklung. So wird schon bei Säuglingen untersucht, in welchem Ausmaß verschiedene Bewegungsarten unterschieden werden können bzw. welche Aspekte von Bewegung einen Einfluss auf die Versuchspersonen haben (vgl. z.B. Poulin-Dubois et al., 1996; Baillargeon, 1986; Gelman & Spelke, 1981; Bullock, 1985; Leslie & Keeble, 1987; Spelke & Van de Walle, 1993; Opfer, 2002). Andere Untersuchungen gehen der Frage nach, ab welchem Alter Kinder kausale Zusammenhänge begreifen (vgl. z.B. Bullock & Gel-man, 1979; Bullock et al., 1982; Bullock, 1984) und ab welchem Alter Kinder zwischen Personen und unbelebten Objekten unterscheiden (vgl. z.B. Wellman & Gelman, 1992). Ab welchem Alter zwischen unbelebten und belebten Objekten unterschieden werden kann, wird in Habituationsexperimenten mit Säuglingen untersucht (vgl. z.B. Pauen, 1996b). Generell zeigt sich in der bereichsspezifischen Forschung, dass Kinder schon sehr früh ontologische Unterscheidungen in der Physik, Biologie und Psychologie treffen können. Dennoch muss angemerkt werden, dass die einzelnen Theorien und deren Inhalte „(…) nur ganz spezifische Formen der kindlichen Auseinandersetzung mit (z.B.) Objekten berücksichtigen und andere Formen weitgehend außer acht lassen" (Pauen, 1997, S. 114). Zusätzlich kann vermerkt werden:

> Ein solches Vorgehen kann auf lange Sicht jedoch nicht zu einer befriedigenden Analyse des interessierenden Phänomens (des kindlichen Animismus) führen. So dürfte weder die Wahrnehmung der Erscheinung eines Objektes, noch die Beobachtung und Erklärung seines Bewegungsverhaltens und auch nicht die Einsicht in biologische Kausalrelationen oder der Vergleich mit dem Menschen *allein* Einfluss auf die Entwicklung der kategorialen Unterscheidung zwischen Lebewesen und unbelebten Objekten nehmen (Pauen, 1997, S. 114).

2.12 Weiterführende Untersuchungen

2.12.1 Kindlicher Animismus bei Jugendlichen und Erwachsenen

Ausgehend von den Ergebnissen Piagets, dass der kindliche Animismus sich im Alter von ca. 12 Jahren abgebaut hat, da das Kind sich seiner selbst und seiner eigenen Gedanken bewusst wird (vgl. Piaget, 1988, S. 214), und dass es seine angeborene Egozentrizität überwunden hat, was ihm nun eine objektive Sichtweise ermöglicht (vgl. Piaget, 1988, S. 207), ist diese nachfolgende Übersicht der Resultate von Studien über den Animismus bei älteren Kindern bzw. Jugendlichen und Erwachsenen eine zur Debatte stehende Erscheinung.

Obwohl Russel (1942) 98% von 611 Kindern und jungen Erwachsenen im Alter zwischen 8-19,11 Jahren in die vier Stadien, welche von Piaget gefunden worden waren, eingliedern konnte und nur 10% der 18 bis 19,11 nicht in das vierte Stadium zu integrieren waren (vgl. Russel, 1942, S. 332), ging Dennis (1953) der Frage nach, ob sich der Animismus wirklich im Alter von ca. 12 Jahren abbaut und ausschließlich das Erwachsenenkonzept fortan zur Unterscheidung von Lebewesen und Nicht-Lebewesen verwendet wird oder ob sich auch im Erwachsenenalter animistische Tendenzen aufzeigen lassen. Anhand schriftlicher Gruppentests mit Universitätsstudenten konnte er zeigen, dass 37% von 71 Studenten und 48% von 34 Studenten eine oder mehrere animistische Antworten gaben (vgl. Dennis, 1953, S. 248). Bestätigung fanden seine Ergebnisse, dass animistische Tendenzen sich nicht auf das Kindesalter beschränken lassen, auch durch Folgestudien (vgl. Bell, 1954; Crannell, 1954; Lowrie, 1954; Voeks, 1954; Dennis, 1957). Brown und Thouless (1965) konnten durch freiere Verfahrensformen die vorangegangenen Ansichten nicht bestätigen, denn den Gebrauch animistischer Kategorien bei Erwachsenen sahen sie nicht in einer Unfähigkeit, konventionelle Unterscheidungen zwischen lebendigen und unlebendigen Objekten zu treffen, sondern in der Wahl ihrer Antwortkategorie.

> To ask whether a thing is living or not living without specifying the criteria that he is to adopt leaves to the subject the critical question of the definition of 'living'. The subject may have chosen some way of classifying objects that appears to him more important than the biological discrimination between the living and the nonliving. He has not been specifically instructed to adopt the conventional biological catego-

> risation, yet for the evaluation of results this is treated as the one correct 'adult' type of response (Brown & Thouless, 1965, S. 37).

Weitere kleinere Untersuchungen mit unterschiedlichen Variablen wurden durchgeführt, um diesem Phänomen näherzukommen. Lester (1967; 1970a; 1970b) fand zwar animistische Haltungen bei Erwachsenen, aber keine Korrelation zwischen animistischen Antworten und der Angst vor dem Tod (vgl. Lester, 1967, S. 934), der Intoleranz gegenüber Vieldeutigkeiten (vgl. Lester, 1970a, S. 966) und nur ein kleines Anzeichen dafür, dass animistisch denkende Erwachsene eine größere Kategorienbreite besitzen (vgl. Lester, 1970b, S. 806). Follman (vgl. 1969, S. 609) konnte keine Wechselbeziehung zwischen animistischem und magischem Denken belegen, welche auf dem Gedanken basiert, dass der Gedanke selbst die Welt ändern kann.

Buggle und Westermann-Duttlinger (1987) bezeichnen, dass

> (...) das animistisches Denken nicht *nur* ein vorübergehendes Entwicklungsphänomen darstellt, sondern in Abhängigkeit von verschiedenen Variablen (z.B. jeweilige emotional-motivationale Verfassung, Objektklasse, kulturelle Denktradition, u.a.) eine auch noch für das Erwachsenenalter wichtige Konzeptualisierungsform darstellt (S. 19).

Die Erklärung Piagets, „der Animismus ist im Denken des Kindes vor allem als eine geistige Ausrichtung, als ein Erklärungsschema, nicht so sehr als eine bewusst systematische Überzeugung vorhanden" (Piaget, 1988, S. 173), könnte somit eventuell auch auf das Denken der Erwachsenen übertragen werden.

2.12.2 Kindlicher Animismus bei Menschen mit „Einschränkungen"

Zu benennen sind unter anderem eine Studie von Moriarty (1961), welcher einen Vergleich zwischen organisch erkrankten Patienten (psychosos, cerebral erteriosclerosis) im Alter von 65-91 Jahren und schizophrenen Patienten (dementia praecox, hebephrenic) im Alter unter 40 Jahren in einer kleinen Studie (N = 30) durchführte. Dennis und Mallinger (1949) testeten animistische Tendenzen bei Menschen hohen Alters, und Strauss und Werner (1942) führten einen Vergleich zwischen hirngeschädigten Kindern und „normalen" Kindern desselben mentalen Alters durch.

Ausgehend von der zuletzt genannten Studie stellten Werner und Carrison (1944) einen Vergleich zwischen früh hirngeschädigten Kindern und Kindern mit angeborener Geistesschwäche an, um die vorangegangenen Ergebnisse von Strauss und Werner (1942), welche mehr animistische Vorstellungen bei den hirngeschädigten Kindern feststellen konnten, zu überprüfen. Das mentale Alter und der Intelligenzquotient wurden zwischen den früh hirngeschädigten Kindern und der Kontrollgruppe aufeinander abgestimmt. Die Kinder wurden bezüglich vier Objektkategorien nach der Methode von Russel und Dennis (vgl. z.B. 1939) befragt. Um die Zusprechung oder Aberkennung eines Bewusstseins auf die verschiedenen Objekte abzufragen, wurde das klinische Interview im Sinne Piagets durchgeführt (vgl. S. 44). Früh hirngeschädigte Kinder wiesen signifikant mehr animistische Tendenzen auf als die Kinder der Kontrollgruppe (vgl. S. 61). Diese Ergebnisse führten Werner und Carrison (1944) auf die pathologische Entwicklung und die damit verbundenen Abweichungen der früh hirngeschädigten Kinder zurück (vgl. S. 59).

Russel, Dennis und Ash (vgl. 1940, S. 58), welche den Zusammenhang zwischen chronologischem und mentalem Alter auf animistische Ausprägungen bei 430 Geistesschwachen (CA 7-64, MA 2-11) testeten, verglichen ihre Ergebnisse mit einer Studie von Russel (vgl. 1940, S. 62) und kamen zu dem Schluss, dass, wenn das mentale Alter konstant bleibt, die zusätzlichen Jahre an Erfahrung dennoch einen Einfluss auf animistische Tendenzen ausüben. D.h., das Alter der Versuchspersonen ist eine Variable, welche die Ausprägung animistischer Tendenzen beeinflusst. Andere Resultate fand Smeets (vgl. 1974, S. 23). Die Ergebnisse seiner Versuchsteilnehmer mit Behinderungen wichen nicht signifikant von den Ergebnissen und Antworten der „normalen" Versuchsteilnehmer ab, weder bezüglich der Zuschreibung von Leben noch bezüglich der Zuschreibung von Lebendigkeitsmerkmalen. Smeets (vgl. 1974, S. 24) fasste zusammen, dass weder das chronologische noch das mentale Alter allein bestimmend für animistische Tendenzen sind, sondern dass der Einfluss dieser Faktoren abhängig von den zu bestimmenden Kategorien, Leben bzw. Lebendigkeitsmerkmalen und animistischen oder nicht-animistischen Objekten ist. Zusätzlich verweist er darauf, dass ein klassifikatorisches Denken zugrunde liegen könnte, welches unabhängig von der Korrelation zwischen chronologischem und mentalem Alter existiert (vgl. Smeets, S. 26). Die letzten zwei aufgeführten Studien können nicht miteinander verglichen werden, nicht nur weil die Versuchspersonen einander im Hinblick auf bestimmte Eigenschaften nicht entsprechen, wie z.B. Grad der geistigen Behinderung und Anzahl der Versuchspersonen, sondern vor allem deshalb nicht, weil die Variable des chronologischen Alters nicht übereinstimmt. Smeets (1974) Fokus lag auf einem direkten Vergleich zwischen mentalem und chronologischem Alter, d.h., das chronologische Alter der Menschen mit Behinderung und der älteren „Normalen“ war übereinstimmend, das mentale Alter der Menschen mit Behinderungen war übereinstimmend mit dem der jüngeren „Normalen“, wobei sowohl das chronologische Alter und demnach auch das mentale Alter bei 12 Jahren lag (vgl. S. 18). Russel, Dennis und Ash (vgl. 1940, S. 57) hingegen setzten ihren Fokus auf die Auswirkung des chronologischen Alters auf animistische Tendenzen, wenn das mentale Alter konstant bleibt. Die Spanne des chronologischen Alters reichte von 7 bis 64 Jahren. Wie an den Ergebnissen (s.o.) zu erkennen ist, könnten die zusätzlichen Jahre an Erfahrung bestimmend sein für das divergente Ergebnis (vgl. Russel, Dennis & Ash, 1940, S. 62).

2.12.3 Kulturelle, soziokulturelle und ökonomische Faktoren

Zu benennen ist eine Studie von Mead (1932), welche sich damit auseinandersetzte, ob animistische, anthropomorphe Interpretationen und fehlerhafte Logik eine Erscheinung abhängig von der sozialen Umwelt bzw. dem soziokulturellem Kontext darstellen. Ausgehend von der Tatsache, dass „zivilisierte“ Kinder diese Tendenzen aufzeigen, konnte sie entgegen ihrer Erwartung bei den Kindern des Stammes Manu keine animistischen Tendenzen und darüberhinaus sogar eine negative Einstellung gegenüber animistischen Erklärungen belegen. Die Kinder des Stammes Manu waren weniger spontan und traditionell animistisch im Vergleich zu den Erwachsenen und diese Tatsachen stehen im Widerspruch zu den Ergebnissen der westlichen Zivilisation. Aufgrund dieser Gegebenheiten schlussfolgerte Mead, dass animistische Tendenzen in kultureller Abhängigkeit stehen (vgl. 1932, S. 186). Eine Begründung dafür fand Mead in der Sprache der Manu, welche ohne Metaphern, ohne reiche Bildersprache und ohne Geschlechtszuordnungen auskommt. Die Sprache der Manu bietet, so Mead, keine Voraussetzungen für animistisches Denken. Schon sehr früh muss das Kind, bedingt durch seinen Lebensraum, kausale Zusammenhänge erkennen. Eine Nichtbeachtung dessen wird streng durch die Erwachsenen sanktioniert. Zusätzlich sieht sie einen Grund für die

Abwesenheit animistischer Tendenzen bei den Kindern darin, dass die traditionellen Inhalte der Kultur nicht an Kinder weitergegeben werden (vgl. Mead, 1932, S. 187).

So wie Mead (1932) setzte sich auch Dennis (1943) mit der Frage auseinander, inwieweit animistische Tendenzen universell vertreten bzw. sie kulturellen und linguistischen Einflüssen unterworfen sind. Von den 98 untersuchten Hopi im Alter zwischen 12 und 18 Jahren zeigten vor allem die 12- und 13-jährigen Versuchspersonen starke charakteristische Konzepte der Stadien 1 und 2 nach Piaget, im Gegensatz zu den Untersuchungen von Russel (1942) mit weißen Kindern. Diese Differenzen wurden auf bestehende kulturelle Unterschiede zwischen der weißen und der Hopi-Kultur zurückgeführt (vgl. Dennis, 1943, S. 32). Trotz dieses Ergebnisses, welches, wie bei Mead (1932), auf kulturelle Einflüsse für animistische Tendenzen schließen lässt, distanzierte sich Dennis (1943) etwas von dieser Hypothese. Denn obwohl die Hopi-Kinder länger am Animismuskonzept festhielten, waren die gegebenen Antworten dennoch nicht unterschiedlich, d.h., es wurden keine Antworttypen unter ihnen gefunden, die nicht unter den weißen amerikanischen Kindern auch bekannt waren. Dennis (1943) ging davon aus, dass die frühesten Ideen der Kinder in allen Gesellschaften einheitlich sind und von denselben Kindheitserfahrungen und ihrer geistigen Unfähigkeit herrühren. Zwar räumt er der Gesellschaft einen Effekt auf das Verhältnis der Ausprägung animistischer Ideen ein, aber nicht auf deren Ursprung (vgl. S. 33f). Gefestigt wird diese Hypothese durch eine Untersuchung von Dennis und Russel (1940) mit Zuni-Kindern im Alter von 12 bis 16 Jahren, wobei zwar auch ein längeres Verweilen der Kinder in den unteren Stadien zu verzeichnen war, aber auch unter ihnen keine neuen Antwortentypen zu finden waren. So sah Dennis (1943, S. 34) die Abwesenheit animistischer Tendenzen bei der Untersuchung von Mead (1932) vor allem in der unzureichenden Methodik Meads, denn diese war nach Dennis (1943, S. 35) eher adäquat für die Untersuchung von Kausalitäten als für die Untersuchung animistischer Tendenzen.

Anders sah Dennis (1957) die Ergebnisse seiner Studie unter den High-School- und College-Versuchspersonen im Nahen Osten. 79 % von 747 Probanden gaben eine oder mehrere animistische Antworten. Dieses Resultat, welches viel höher als bei vergleichbaren Studien in den USA lag (vgl. Russel, 1942; Dennis, 1953; Bell, 1954; Crannell, 1954; Lowrie, 1954; Voeks, 1954), führten Dennis (vgl. 1957, S. 197) und O-saki und Samirode (1990), welche vergleichbare

Ergebnisse in ihrer Studie vorfanden, nicht auf die Möglichkeit zurück, dass kulturelle Einflüsse für die andauernden animistischen Tendenzen verantwortlich sind, sondern darauf, dass eine Korrelation zwischen animistischem Denken und Bildungslücken besteht, vor allem bezüglich biologischer Konzepte.

Unabhängig von diesen vergleichenden, länder- bzw. kulturübergreifenden Studien belegten Buggle und Westermann-Duttlinger (1987), dass soziokulturelle und familiär-pädagogische Variablen, außer der Altersvariable, animistische Antworten hervorrufen. Erhöhte Leseaktivität und eine höhere Berufsausbildung der Eltern steht in Abhängigkeit mit einer Abnahme animistischer Antworten, die Häufigkeit des elterlichen Kirchenbesuches und das Beten mit dem Kind in Abhängigkeit zu einer Zunahme animistischer Aussagen (vgl. Buggle & Westermann-Duttlinger, 1987, S. 18). Im Gegensatz dazu fanden Simmons und Gross (1957) aber keine Verbindung zwischen religiösem Hintergrund und animistischen Antworten. Sharp et al (1985) konnten nur einen geringen Einfluss der Variablen „Religionszugehörigkeit“ und „geographische Lage“ nachweisen. Russel (vgl. 1940a, S. 365) bezog in seine Untersuchung mit 774 Kindern die Variablen „geographische Lage“ und „sozioökonomischer Status der Eltern“ ein. Es konnte, ausgehend von der Tatsache, dass die Stadtkinder sehr viel weniger Kontakt mit der Natur als Land- und Vorstadtkinder haben, und der Annahme, dass dies zu einer Erhöhung animistischer Antworten führen müsste, kein signifikanter Entwicklungsunterschied bezogen auf das animistische Konzept festgestellt werden.

Die Ergebnisse dieser Studien stellen, wie sie repräsentativ für die gesamte Animismusforschung sind, kein homogenes Bild dar.

2.12.4 Exkurs: Pädagogische Konsequenzen

Basierend auf dem Paradigmenwechsel in den 70er Jahren, welcher vor allem im Heimat- und Sachunterricht eine Verwissenschaftlichung der Schulfächer einleitete, kam es zu einer mehrheitlich ablehnenden Haltung gegenüber animistischen Darstellungen im Unterricht.

> Dem naturwissenschaftlichen Unterricht kommt dabei eine unter-stützende Funktion zu, z.B. beim Abbau der affektiven Identifikation der Kinder mit den Dingen, bei kindlichen Formen der Anthropomorphisierung, Personifikation oder Allegorisierung (…) (Bäuml-Rossnagel, 1979, S. 57f).

> Der Grundschullehrer hat die nicht leichte, aber denkbare Aufgabe, das Kind aus seiner Rolle der Identifikation herauszuholen, d.h. die Anthropomorphisierung abzubauen und durch ein echtes Verständnis (…) zu ersetzen (Vogel, 1978, S. 98).

Lück (vgl. 2001, S. 152ff) bezieht diese ablehnende Haltung nicht nur auf die vordergründigen Argumente, dass durch die zunehmende Verwissenschaftlichungstendenz des Unterrichtes die Animismen einen Mangel an Wissenschaftlichkeit darstellten, sondern auch bei Piaget selbst zu begründen ist. Die animistische Denkweise wird durch den Lernprozess, dem Kontakt mit der äußeren Umwelt abgebaut und demnach schien es plausibel, dass eine schnelle Überwindung dessen zu forcieren war. Lück weist u.a. darauf hin, dass trotz dieser ablehnenden Haltung bis heute in der Beschreibung und Deutung von Phänomenen eine Vielzahl animistischer Darstellungsweisen verwendet wird. Ein interessanter Aspekt hierbei ist, dass durch das Bestreben animistische Erläuterungen, Verbildlichungen in der Schulbuchliteratur abzubauen, die „animistischen Fachtermini" in der wissenschaftlichen Literatur erhalten wurden.

Es existierten nicht nur ablehnende Einstellungen bezüglich der Verwendung von Animismen in den 70er Jahren. In der Physikdidaktik Wagenscheins (1965) oder der Biologiedidaktik Eschenhagens (1968) wurde der entwicklungsspezifische Aspekt herausgehoben und als erforderlich angesehen. Nach Wagenschein waren Animismen erwünscht.

> Aber sie *dienen* nur, sie können nicht bleiben, sie sind wie der Lehrer selbst: notwendig, um sich entbehrlich zu machen. (…) Je gründlicher wir sie (…) durchlebt haben, desto leichter fällt es uns, sie, sobald es angebracht ist, zu verlassen, aus ihnen heraus zu steigen (…) (Wagenschein, 1965, S. 81).

Weiterhin hob er die magisch-animistische Phase des Kindes als eine Basis für das Begreifen der Dinge in seiner Welt heraus und konstatierte,

> wenn wir die äußere Schicht stärken wollen, so müssen wir zuerst die innere anreden und anregen. Was außen anwachsen soll, müssen wir von innen heraus wachsen lassen. Das magische Denken bleibt also weiterhin eine schöpferische Potenz, von der her wir die äußere Schale des geistigen Wachstums aufbauen können (Wagenschein, 1965, S. 61).

Für die Schulpraxis bedeutet dies, dass die Frage, „was" oder „wer" „Schuld" an einem gewissen Phänomen im Physikunterricht hat, die Schüler stärker zum Nachdenken anregt als Fragen, welche einer Exaktheit unterliegen. Wagenschein bezeichnete diese Art der Formulierung von Fragen als eine „Drechselrede", denn sie gehört der „äußeren Schicht" an. Die äußere Schicht kann nur im Schüler ausgebildet werden, wenn man von der inneren ausgeht und demnach sind animistische Begriffe zu verwenden, da sie genau diese zu erlangende äußere Schicht begründen (vgl. Wagenschein, 1965, S. 61).

Sowohl gegenwärtige Fürsprecher als auch Gegner diskutieren und untersuchen die Verwendung von animistischer, anthropomorphistischer oder auch finalistischer Sprache im Sachunterricht (vgl. z.B. Hughes, 1973; Taber & Watts, 1996; Watts & Bentley, 1994; Lemke, 1990; Gallant, 1981; Tamir & Zohar, 1991). Hauptsächlich werden hierbei aber Bedeutung und Folgen der Verwendung animistischer Sprache für die Schüler diskutiert.

> (...) allowing the use of anthropomorphistic/teleological formulations (...) may indeed have pedagogical value, with no necessary risk to students' accurate scientific thinking. (...) Anthropomorphic/teleological formulations can become a legitimate part of biology educations (Zohar & Ginossar, 1998, S. 693).

Püttschneider und Lück bekräftigten dieses Ergebnis und hoben in ihrer Studie auch den positiven Effekt hervor, denn im Gegensatz zur naturwissenschaftlich-objektiven Vermittlung konnten sie belegen, dass die Verwendung von Animismen verständnisfördernd wirkt und einen „(...) nachhaltigen motivationalen Effekt auf den Lernprozess (...) (ausübte)" (2004, S. 173).

Die schon von Hughes 1973 formulierte Äußerung, dass „(...) anthropomorphism can be deceiving and even dangerous" (...) (and) an anthropomorphic characterization is never needed for a complete understanding of the behavior of a nonhuman species" (S. 10), wird aber auch noch gegenwärtig auf ähnliche Weise angenommen.

> (...) early years teachers seem to adopt the view that animism and anthropomorphism in early years science can cause cognitive problems in young children, and also that these teachers believe that in specific cases use of animism and anthropomorphism can cause emotional problems as well (Kallery & Psillos, 2004, S. 291).

Diese Studien, welche die Verwendung von Animismen bereichsspezifisch diskutieren, vernachlässigen die generelle Bedeutung. D.h., die affektive Seite des anthropomorph-animistischen Denkens wird übergangen und Teilaspekte werden herausgegriffen. Gebhard (1994) hingegen bedachte sowohl die affektive als auch die psychologische Seite und beschrieb zwei Gefahren.

> (…) Die eine ist die, in einem radikalen Egozentrismus zu verharren und damit zu einem offenbar destruktiven Anthropozentrismus zu kommen; die andere ist die, durch eine radikale Aufgabe der animistischen, affektiven und subjektivierenden Komponente die Welt sozusagen zu entseelen (S. 52f).

Seiner Meinung nach ist es wichtig, „(…) die Spannung zwischen beiden Seiten auszuhalten, ohne sich auf eine Seite zu schlagen und die jeweils andere dabei auszugrenzen“ (Gebhard, 1994, S. 53). Diese beiden Sichtweisen sollen gefördert und bewusst gemacht werden, denn in der Spannung zwischen naturwissenschaftlichen Erkenntnissen und anthropomorphen Deutungen (vgl. S. 54f) liegt eine „anzustrebende Fähigkeit, da es (…) weder ein Zurück zu magischen, archaischen Weltbildern noch eine einseitige Favorisierung eines technisch-naturwissenschaftlichen Weges geben kann“ (Gebhard, 1994, S. 55).

Inwieweit und ob animistisch-anthropomorphes Denken oder Sprache in der Schule, im Unterricht abgebaut oder zugelassen werden soll, ist weiter zu untersuchen. Zu bedenken ist aber, dass das Kind in die Schule kein „beschränktes Bild der Natur“ mitbringt, sondern

> (…) es bringt im Gegenteil ein anderes und reicheres mit, als das naturwissenschaftliche ist, zu dem *wir* es beschränken! [Das steht nicht im Widerspruch dazu, dass das Kind dabei Neues lernt. Die Beschränkung ist das Tor ins Neue]. Mag es auch bald ‚lernen', unsere exakte [d.h. beschränkte] Sprache äußerlich anzunehmen (…) (Wagenschein, 1965, S. 53).

3 EIGENE FRAGESTELLUNG

3.1 Kritische Betrachtung der Verfahren

Die sich nach Piaget (1926) anschließende Animismusforschung stützte sich, abgesehen von einer kleinen Anzahl von Autoren, welche freiere Interviewformen für die Erhebung animistischer Tendenzen heranzogen (vgl. z.B. Gelman, Spelke & Meck, 1983; Buggle & Westermann-Duttlinger, 1987; Hagleitner, 1981), auf standardisierte Interviews. D.h., sowohl die Fragen, Antworten und die Reihenfolge wurden nach bestimmten Standards festgelegt (vgl. z.B. Klingensmith, 1953; Klingberg, 1957; Richard & Siegler, 1984, 1986; Berzonsky, 1988; Holland & Rohrmann, 1979; Beveridge & Davis, 1983; Dolgin & Behrend, 1984). Auf der einen Seite ermöglicht diese Art der Befragung eine repräsentative Untersuchung, da eine Vielzahl von Personen befragt werden kann, auf der anderen Seite verhindert sie einen tieferen Einblick in die Gedanken- und Erlebenswelt der Versuchspersonen. Aber was bedeutet Quantität, Repräsentativität und Standardisierung für die Animismusforschung?

> Sollen die Phänomene der Psychologie (also des Erlebens und Verhaltens) in wissenschaftsmethodisch angemessener Weise erforscht werden, bedeutet das, dass zunächst der Forschungsgegenstand ‚Seele' näher bestimmt werden muss, um daraus die Methode abzuleiten, mit Hilfe derer der Gegenstand erfasst und wissenschaftlich erforscht werden kann. (Und es) muss (…) ein Verfahren entwickelt werden, das die Methode praktikabel werden lässt (Baßler, 2007, S. 16).

Methode bedeutet, „(…) der *angemessene* Weg (muss) eingeschlagen werden, um das Ziel bzw. den Inhalt auch tatsächlich zu erreichen bzw. nicht zu verfehlen" (Baßler, 2006, S. 278, in Tsvasman). Wie aber kann die Seele[9] bzw. das hier behandelte Phänomen des kindlichen Animismus durch die Verwendung naturwissenschaftlicher

9 Das Seelische ist ein realer und wirksamer Gegenstand. Vgl. hierzu Salber (1991). Gestalt auf Reisen. Insbesondere S. 51–59.

bzw. behavioristischer quantitativer Verfahren[10] analysiert werden, wenn der „(...) Forschungsgegenstand zu stark von seinen Lebenszusammenhängen abgelöst gesehen (...) (wird)" (Baßler, 2006, S. 180, in Tsvasman). Wenn Versuchspersonen bezüglich verschiedener Objekte nur eine dichotome Antwortmöglichkeit zur Verfügung gestellt wird (vgl. z.B. Huang & Lee, 1945; Holland & Rohrmann, 1979; Beveridge & Davis, 1983; Dolgin & Behrend, 1984), erhält man eine konkrete Antwort (lebendig/nicht lebendig usw.), aber zu hinterfragen ist, was bedeutet diese Antwort bzw. dieses Ergebnis, was für einen Aussagegehalt haben diese Antwort, dieses Ergebnis? Diese Methoden versuchen durch bestimmte Regeln, welche der Logik und Mathematik unterliegen, eine geleitete Überprüfung der Gültigkeit von Sätzen zu beweisen (vgl. Baßler, 2006, 277, in Tsvasman).

> Der Hauptkritikpunkt dieser wissenschaftsmethodischen Auffassung kann darin gesehen werden, dass eine quantitative Methode den kulturell-geisteswissenschaftlichen Gegenstand nicht adäquat in seiner gesamten Lebendigkeit und Geschichtlichkeit erfasst, sondern auf kausale Relationen von Quantitäten reduziert (Baßler, 2006, S. 278, in Tsvasman).

Demzufolge wird das Erleben, das kindliche Erleben, nicht berücksichtigt, sondern es wird eine statistische Verallgemeinerung vorgenommen, welche objektiv messbares Verhalten erforscht und die Zusammengehörigkeit von Erleben und Verhalten, welche für ein seelisches Existieren notwendig ist (vgl. Salber, 2007, S. 29), nicht berücksichtigt.

Der kindliche Animismus hat als zugrundeliegenden Gegenstand das „Weltbild" des Kindes bzw. wie sich die „Wirklichkeit" für das Kind darstellt. Somit ist fraglich, ob diese Wirklichkeit durch Tests und Experimente, welche dem naturwissenschaftlichen Paradigma unterliegen, zu erfassen ist.

10 Seit den achtziger Jahren werden insbesondere bezogen auf den kindlichen Animismus Methoden aus der kognitiven Entwicklungspsychologie verwendet, welche sich mit Strukturen und Prozessen des Erkennens und Wissens, kurz, mit der menschlichen Informationsverarbeitung beschäftigen (vgl. z.B. Keil, 1989, Wellman, 1990, Spelke, 1990).

3.2 Theoretischer Ansatzpunkt der eigenen Untersuchung

Der zugrunde liegende Ansatz der eigenen Untersuchung bezieht sich darauf, dass „(...) der Gegenstand der Kultur- und Geisteswissenschaft in speziellen Formen des Erlebens gegeben" ist[11] (Baßler, 2006, S. 279, in Tsvasman). Die Wirklichkeit erfahren wir „(...) sozusagen apriori und zwar nicht in einer Subjekt-Objekttrennung (...), sondern vorgängig in einer Subjekt-Objektübergreifenden Einheit, gegeben in der Dimension des Erlebens" (Baßler, 1995, S. 2). Das Erleben selbst wird als fortdauernder Zusammenhang erfahren, „(...) bei dem der nächste Vorgang aus dem vorangegangenen hervorgeht, sich entwickelt, also geradezu wörtlich verstanden sich ‚heraus-wickelt' (...)" (Baßler, 2006, S. 128, in Tsvasman). D.h., „Seelisches geht aus anderem Seelischen hervor" (vgl. Jaspers, 1959, S. 250f), und dieses Auseinanderhervorgehen ist nach Gesetzen geregelt, welche Dilthey (1957, S. 171ff) als elementare logische Operationen bezeichnet[12] (vgl. Baßler, 2006, S. 128ff, in Tsvasman). Das Erleben, der Ablauf des Erlebens, ist in Strukturen organisiert, welche von der Gestaltpsychologie als „Gestaltgesetze" bezeichnet

11 Vgl. Dilthey (1957). Ideen über eine beschreibende und zergliedernde Psychologie. In: Gesammelte Schriften Bd. V. Stuttgart, S. 139–170.

12 Die „elementaren logischen Operationen" (elementare psychologische Operationen) regulieren die gesamte seelische Abfolge; siehe: Dilthey (1957). Ideen über eine beschreibende und zergliedernde Psychologie. In: Gesammelte Schriften Bd. V., S. 139–240; bezüglich der „elementar logischen Operationen" siehe speziell S. 171–176; vgl. auch Baßler (1988). Ganzheit und Element. Zwei kontroverse Entwürfe einer Gegenstandsbildung in der Psychologie, Kapitel 1; vgl. Baßler (1990). Bemerkungen zu Wilhelm Diltheys Konzeption eines *psychologischen* Verstehensbegriffs und dessen mögliche Fortführung durch eine Psychologie der Gestalten. Entwurf einer Alternative zu Jaspers Lehre von Evidenz und Idealtypus (Angang II). In: ders.: Psychiatrie des Elends oder das Elend der Psychiatrie. Karl Jaspers und sein Beitrag zur Methodenfrage in der klinischen Psychologie und Psychopathologie, S. 165–177.

werden und empirisch-phänomenologisch erforscht wurden[13] (vgl. Wertheimer, 1923, S. 301ff). „Wie Seelisches (Erleben) aus Seelischem (Erleben)" (vgl. Baßler, 2007, S. 18; Jaspers, 1946, S. 251) hervorgeht, kann durch den Vorgang der Auseinanderfolge dieser Gestaltungsgesetze erforscht werden, indem diese Vorgänge beobachtet, beschrieben und zergliedert werden (vgl. Baßler, 2007, S. 18).

Da die Erlebnisprozesse als Grundlage aller wissenschaftsmethodisch-qualitativen psychologischen Forschungen angesehen werden, muss die verwendete Methode „(...) eine beschreibende und zergliedernde sein oder, anders ausgedrückt, die Methode muss die dem Erleben *immanente Struktur rekonstruieren* (...)" (Baßler, 2006, S. 279, in: Tsvasman). Das Verfahren, welches diesen psychischen Gegenstand erfasst, ist das Verfahren des morphologisch-psychologischen Tiefeninterviews[14]. Das Tiefeninterview, welches versucht, „(...) Verarbeitungsprozesse des Erlebens bezüglich eines bestimmten Themas herauszuarbeiten" (Baßler, 2006, S. 180, in Tsvasman), greift auf die Erlebensgeschichte einer Versuchsperson bezüglich eines bestimmten Gegenstandes zurück. Die Erlebensgeschichte wird im Tiefeninterview so aufgegriffen, wie sie sich im Probanden abspielt. D.h., alle scheinbar „unwichtigen" Aspekte der Geschichte wie z.B. Widersprüche, (scheinbare) Nebensächlichkeiten, (scheinbar) spontane Einfälle, Umwege, Brüche (vgl. Baßler, 2007, S. 19) werden aufgenommen, denn nur durch die Gesamtheit einer eigenen Erlebensgeschichte kann erfasst werden, wie Seelisches aus Seelischem hervorgeht.

Durch die Verwendung von offenen Fragen werden „(...) Umgangs- und Verarbeitungsformen in einem bestimmten Lebensbe-

---

13 Besonderen Bezug auf die Wahrnehmung nehmen hierbei die Gestaltgesetze von „Figur und Grund" vgl. Rubin, (1921). Visuell wahrgenommene Figuren: Studien in psychologischer Analyse. „Geschlossenheit" vgl. Wertheimer, (1923). Untersuchungen zur Lehre von der Gestalt. In: Psychologische Forschung. Zeitschrift für Psychologie und ihre Grenzwissenschaften, S. 301-350; S. 325. Diese Gestaltungsgesetze können aber auch als Gestaltungsgesetze des ganzen seelischen Erlebens begriffen werden (vgl. Baßler, 2007, S. 17).

14 Vgl. zur Psychologischen Morphologie u.a.: Salber (1965). Morphologie des seelischen Geschehens; Salber (1991). Gestalt auf Reisen. S. 20-30; Salber (2007). Wirkungseinheiten. S. 28–42.

reich erfasst anhand von erfragten und erzählten Geschichten" (Baßler, 2006, S. 180f, in: Tsvasman). Zwar wird in der nachfolgenden eigenen Untersuchung (V.III+), nicht, wie bei der *morphologischen Psychologie*, davon ausgegangen „(...) dass der (geheime) Hintergrund dieser Geschichten in einem dynamischen Konflikt- und Strukturgeschehen besteht (...)" (Baßler, 2006, S. 181, in Tsvasman), dennoch baut die Herangehensweise auf eine Beschreibung dessen auf, was sich im Verhalten und Erleben sinnlich und anschaulich zeigt. D.h., es wird versucht, die Erlebenswelt des Kindes durch seine eigenen Erzählungen und Geschichten aufzunehmen, um durch sie dem „Weltbild des Kindes" näher zu kommen. Durch diese Art der Vorgehensweise wird nicht nur der Begriff „Leben", sondern auch zwangsläufig der Begriff des „Bewusstseins" betrachtet. Obwohl diese Geschichten und Erzählungen individuell verschieden sind, zeigt sich, um den Ergebnissen der nachfolgenden Untersuchung vorzugreifen, dass Gemeinsamkeiten bzw. strukturelle Züge zu erkennen sind, die sich vor allem auf die Kategorien nach Piaget (z.B. Eigenbewegung vs. mechanische Bewegung) stützen.

Das Tiefeninterview ist nicht nur durch Offenheit gekennzeichnet, sondern auch durch seine Strukturiertheit. Ziems (1996, S. 75) fasst zusammen:

> Man schränkt den Blick nicht von vornhinein auf einen vorgegebenen Ausschnitt ein, sondern gewinnt Zugang zur gesamten Vielfalt an Phänomenen. Dadurch wird ermöglicht, neue und vorher nicht bedachte Aspekte des Untersuchungsthemas zu berücksichtigen. Man kann sich den spezifischen Qualitäten, die mit dem Thema verbunden sind, sehr genau annähern, weil man, anders als beim Fragebogen, nicht an vorgefasste Festlegungen gebunden bleibt. Insgesamt ist die Gewähr gegeben, auf die für das Untersuchungsthema ‚tatsächlich relevanten' Zusammenhänge zu stoßen und nicht bei Klischees und Artefakten stehenzubleiben.

Standardisierte Verfahren sind kein geeignetes Mittel, wenn der zu erforschende psychologische Gegenstand über das reine Wissen, über Meinungen hinausgehen soll. Diese Vorgehensweise innerhalb der Psychologie „(...) legt das Seelische still, indem sie so tut, als ließe es sich in einzelne Klötzchen aufteilen und in Wenn-dann-Formeln verrechnen" (Salber, 1983, S. 9). Die Anlehnung des theoretischen Ansatzpunktes und der Betrachtung der nachfolgenden

Untersuchung erfolgt nicht nach heterogenen Prinzipien, d.h. Konzepten und Methoden anderer Wissenschaften, „(...) die an andere(n) Gegenstände(n) erarbeitet wurden und nur in Bezug auf diese ihren Sinn erweisen können" (Dahm, 1995, S. 52), sondern eine „(...) Theorie vom Seelischen (ist) mehr als die Summe von Einzelerhebungen: sie ist ein Gesamt-Konzept, das herausstellt, wie Seelisches funktioniert und welcher 'Plan der Natur' darin transparent wird" (Salber, 1983, S. 9). D.h., „Erlebensprozesse sind dasjenige, was Grundlage aller wissenschaftsmethodischen qualitativen psychologischen Forschung darstellt" (Baßler, 2007, S. 16).

3.3 Ziel der eigenen Untersuchung

Die entwicklungspsychologische Animismusforschung, vertreten durch Piaget, geht von einer präkausalen Denkstruktur des Kindes aus, welche sich qualitativ von der Denkstruktur des Erwachsenen unterscheidet, da sie abhängig von der egozentristischen Weltsicht des Kindes ist. Durch die fortschreitende Entwicklung des Kindes wird sie langsam abgebaut, bis die Zentrierung um das Subjekt aufgehoben ist. Während dieser Entwicklung unterlaufen dem Kind „Fehler" bezüglich des Bewusstseins von Objekten, deren Lebendigkeit und Absichten. Das Konzept Piagets wurde in den vergangenen Jahren angezweifelt und zum Teil stark kritisiert. Aufgrund der kontroversen Ergebnisse in vorangegangenen Studien, der größtenteils ablehnenden Haltung gegenüber dem Piagetschen Stadienmodell und der zum Teil nahezu gänzlichen Aberkennung der Existenz des kindlichen Animismus im Sinne Piagets wird das Phänomen in einer qualitativen, empirischen Studie untersucht.

Ziel dieser Untersuchung ist, verschiedene Verfahren mit jeder einzelnen Versuchsperson durchzuführen, die Ergebnisse sowohl bezüglich jeder Versuchsperson als auch aller Versuchspersonen untereinander zu vergleichen und zusammenzufassen, um aufzuklären, inwieweit animistische Tendenzen abhängig von den angewendeten Verfahren sind (vgl. 3.4). Angenommen wird, dass das tatsächliche animistische Konzept der Versuchspersonen nur mittels der verbalen Verfahren, im Ansatz durch das Verfahren III und ausführend durch das Verfahren III+, aufgezeigt werden kann (vgl. 3.4/3.5). Durch die genaue Beschreibung, wie sich jede Versuchsperson während der gesamten Untersuchung und vor allem in Bezug auf jedes Verfahren verhält, soll herausgestellt werden, inwieweit die verwendeten Verfahren geeignet sind, den kindlichen

Animismus aufzudecken. Die Ergebnisse können mit den vorangegangenen quantitativen Studien zwar nicht verglichen werden, aber aufgrund der Hypothesen werden Befunde erwartet, welche zu diskutieren sind.

Ausgehend davon, dass animistische Tendenzen nicht als eigenständige Denkstruktur angesehen, sondern als Wissensdefizit erklärt werden (vgl. z.B. Massey, 1988; Bullock, 1985; Holland & Rohrmann, 1979; Dolgin & Behrend, 1984), nehmen an dieser Untersuchung außer Kindern auch Jugendliche und Erwachsene teil. Denn ein animistisches Konzept sollte bei ihnen nicht mehr vorhanden sein (vgl. S. 68).

Die Entscheidungsgrundlage für diese qualitative Untersuchung war, dass m. W. in der gesamten Animismusforschung, abgesehen von den Protokollen Piagets, welche einen kleinen Einblick in die Gedankenwelt der Versuchspersonen gewährte, genaue Aussagen, Antworten, Fragestellungen und Verhaltensbeschreibungen der Versuchspersonen nicht berücksichtigt bzw. nicht durchgeführt wurden.

Zusammenfassend ergeben sich daraus folgende Fragen, welche unabhängig von den Hypothesen sind, aber als Grundlage für die Beschreibung jeder Versuchsperson und jeder Untersuchungseinheit dienen:

1. Inwieweit ist es der Versuchsperson möglich, sich auf den Untersucher, die Untersuchungssituation und auf die Untersuchung einzulassen?
2. Wie lange kann sich die Versuchsperson auf die einzelnen Verfahren konzentrieren?
3. Wie geht die Versuchsperson an die einzelnen Verfahren heran? Ist es der Versuchsperson möglich, alle an sie gestellten Aufgaben zu bewältigen?
4. Lassen sich Unsicherheiten bei der Versuchsperson bezüglich der zu untersuchenden Inhalte und Verfahren erkennen? Werden diesbezüglich Fragen an den Untersucher gestellt?

3.4 Die Verfahren

Verfahren I: Dieses Verfahren begründet sich auf dem Vorgehen von Huang und Lee (1945) und Klingberg (1957). Diesen ist gemeinsam, dass sie mit geringen individuellen Abweichungen dasselbe

Verfahren angewandt haben und in ihrer Diskussion der Ergebnisse denselben Standpunkt vertraten (vgl. S. 38). Sie untersuchten nicht nur das Konzept bezüglich des Begriffes Leben, sondern berücksichtigten auch die Vorstellung von anthropomorphen Merkmalen in Bezug auf unlebendige Objekte. In der eigenen Untersuchung wurde nur der Begriff „Leben“ anhand ihres Verfahrens untersucht, da der generelle Fokus der Untersuchung auf die Verfahrensabhängigkeit animistischer Tendenzen gelegt ist. Huang und Lee (1945) untersuchten den kindlichen Animismus an 40 Kindern im Alter zwischen 3,5-5,11 und 6,0-8,7 Jahren. Sie verwendeten die Objekte Hund, Baum, Fluss, Stein, Bleistift, Fahrrad, Ball, Auto, Uhr und Mond und die Fragen *„is living/has life“*[15]. Daran schlossen sich die Zusatzfragen *„Why?“* oder *„How do you know?“* an. Die Antworten wurden den Kategorien richtig, falsch und zweifelhaft zugeordnet (vgl. Huang & Lee, 1945, S. 70)[16].

Klingberg (1957) verwendete meiner Meinung nach dieselbe Methode wie Huang und Lee (1945). Fälschlicherweise gibt Klingberg (vgl. 1957, S. 228) eine unkorrekte Literaturangabe an.[17] Befragt wurden 97 Kinder im Alter zwischen 7-10 Jahren. *„Is it living, has it life“* wurden bezüglich derselben Objekte gefragt, wie sie Huang

---

15 Sowohl Huang und Lee als auch Klingberg belegten, dass die Begriffe „living/having life“ (vgl. Huang & Lee, 1945, S. 74), „is it living?/has it life?“ (vgl. Klingberg, 1957, S. 234f) unterschiedliche Ergebnisse bezüglich animistischer Konzepte hervorriefen. Dieses Resultat wird nicht berücksichtigt, da es keinen Einfluss auf die Anwendung des Verfahrens in der eigenen Untersuchung darstellt.

16 Korrekte Antworten bezüglich des Begriffes „living“ wurden auf die Objekte wie folgt abgegeben: Hund (100 %), Bleistift (90,5 %), Baum (49,9 %), Stein (90,2 %), Fluss (82,8 %), Ball (64,6 %), Auto (51,2 %), Fahrrad (50,6 %), Uhr (27,9 %), Mond (27,8 %). Für den Begriff „has life“ wurden folgende korrekte Antworten gegeben: Hund (100 %), Baum (37,5 %), Fluss (100 %), Stein und Bleistift (97,6 %), Fahrrad (97,2 %), Ball (87,9 %), Auto (85,2 %), Uhr (80,0 %), Mond (41,6 %) (vgl. Huang & Lee, 1945, S. 71).

17 Huang (1943). Children's conception of physical causality: A critical summary. In: Journal of Genetic Psychology, 63, 71–121.

und Lee (1945) verwendet hatten. Insbesondere wurde das Alter zwischen 7-8 Jahren genauer berücksichtigt (N=67)[18].

Huang und Lee sahen in ihren Ergebnissen keine großen animistischen Tendenzen, denn „an inanimate object is said to be alive only in a small proportion of cases“ (1945, S. 73)[19]. Weiter sahen sie, dass „the distribution of correct answers among the different objects seems to indicate that animistic concepts, where present, are to be explained by the apparent characters of the specific rather than by any other tendency“ (Huang & Lee, 1945, S. 74). Klingberg bestätigt Huangs und Lee's Ergebnisse. „There are no findings that suggest that the thinking of children, even before the age of seven, is a function of a fundamentally other mental structure than that of the adult" (Klingberg, 1957, S. 236).

Für das Verfahren I der eigenen Untersuchung ist von Bedeutung, dass, obwohl diese Autoren die Frage *„Why?“*, oder *„How do you know?“* in ihre Untersuchung mit einbezogen hatten, diese Begründungen in der Analyse der Daten nicht berücksichtigt wurden. Looft und Bartz (vgl. 1969, S. 6) erläuterten, dass Huang und Lee (1945) und Klingberg (1957) eine Individualanalysetechnik verwendet hatten, welche die Daten quantitativ bestimmt und jedes Objekt einzeln, unabhängig von den Begründungen der Versuchspersonen, betrachtet. Nur die „ja/nein“-Antworten der Versuchspersonen wurden in die Analyse einbezogen. Demzufolge „(…) this method loses sight of a child's attitude toward the questionnaire as a whole“ (Looft & Bartz, 1969, S. 6).

Da diese Einbeziehung der Begründung in der Analyse nicht erfolgte, wird in der eigenen Untersuchung nur ein „ja/nein“-Urteil und keine Begründung bezüglich der Lebendigkeit eines Objektes verlangt.

---

18 Positive Antworten für *is it living?* wurden folgendermaßen abgegeben: Hund (94 %), Baum (88 %), Mond (67 %), Fluss (37,5 %), Uhr (37,5 %), Auto (33 %), Fahrrad (21 %), Ball (16,5 %), Bleistift (12 %), Stein (6 %). Für die Frage *„has it life?“* waren die positiven Antworten wie folgt: Hund (92,5 %), Baum (74,5 %), Mond (61 %), Fluss (25,5 %), Uhr (22,5 %), Auto (21 %), Bleistift (13,5 %), Ball (10,5 %), Fahrrad (9 %), Stein (4,5 %) (vgl. Klingberg, 1957, S. 234).

19 Straus (1951) ist der Meinung, dass diese Ergebnisse auch pro Piagets Hypothese hätten ausgelegt werden können.

Verfahren II: Dieses Verfahren bezieht sich vor allem auf die Untersuchung von Beveridge und Davies (1983),[20] welche eine Kartensortieraufgabe für die Untersuchung des kindlichen Animismus angewendet hatten. Ihrer Meinung nach ist der verbale Anspruch an die Kinder durch die verbale Befragung zu hoch und aus diesem Grund verwendeten sie Karten, auf welchen Objekte abgebildet waren, und veranlassten die Versuchspersonen dazu, ein dichotomes Urteil abzugeben (vgl. S. 216). Untersucht wurden 80 Kinder im Alter zwischen 5,1-12,7 Jahren. Folgende Objekte waren auf den Karten abgebildet: Mann, Mädchen, Hund, Biene, Fisch, Vogel, Schlange, Baum, Blume, Pflanze, Schuh, Tisch, Puppe, Kerze, Mantel, Stuhl, Rohr, Ball, Mond, Auto, Fahrrad, Flugzeug, Telefon, Haus, Messer. Die Karten wurden von den Kindern bezüglich der Frage „ist x lebendig", „kann fühlen", „kann sehen", „kann hören", „kann atmen", „kann laufen", „kann wachsen", „kann sterben", „kann fliegen", „kann denken", „kann sich von alleine bewegen" und den entsprechenden Negationen sortiert (vgl. Beveridge & Davies, 1983, S. 217f). Die Variable „kann fliegen/nicht fliegen" wurde als Test eingesetzt, um Perseverationen und Unachtsamkeiten aufzudecken. Die Variable „lebendig/nicht lebendig" wurde immer als Erstes abgefragt. Es werden nicht alle Ergebnisse der Studie im Folgenden aufgelistet (vgl. hierzu Beveridge & Davies, 1983, S. 219ff). Wichtig an dieser Stelle ist, dass Lebendigkeitszuschreibungen bezüglich unlebendiger Objekte nur in einer kleinen Prozentzahl, sogar bei den jüngsten Versuchspersonen, gefunden worden waren (vgl. S. 230). Nur 18,1 % der unlebendigen Objekte wurden von der jüngsten Gruppe der Versuchspersonen (5,1-6,3) als lebendig eingestuft. Eine Altersabhängigkeit bezüglich der korrekten Zuschreibung von Lebendigkeitsmerkmalen konnte festgestellt werden. „Autonome Bewegung" war kein durchgängiges Kriterium, um einem Objekt die Lebendigkeit zu- oder abzuerkennen. Abschließend wurde bemerkt, "it is postulated that apparently animistic responses may occur as a result of one or several determinants of which precausal or nonoperational thinking is just one" (vgl. Beveridge & Davies, 1983, S. 230).

20 Unter anderem verwendeten Holland und Rohrmann (1979) sowie Dolgin und Behrend (1984) auch Kartensortieraufgaben, um die Schwierigkeiten der verbalen Befragung zu umgehen (vgl. S. 27).

Mit den analogen Lebendigkeitsmerkmalen, aber anhand der 14 in der eigenen Untersuchung festgelegten Objekte (vgl. S. 70), wurde dieses Verfahren angewendet, um die Verfahrensabhängigkeit animistischer Tendenzen und die Analogie zwischen dem Alter der Versuchspersonen und ihrem Konzept über Lebendigkeitsmerkmale zu überprüfen.

Verfahren III: Ausgehend von der Entwicklung einer standardisierten Untersuchungsform durch Russel und Dennis (1939), um den kindlichen Animismus zu untersuchen, bei welcher eine einheitliche Datenanalyse erfolgen konnte, da die Objekte, die Darstellung der Fragen und die Zuweisung der Antworten zum Piagetschen Stufenmodell festgelegt wurden, verwendeten eine Vielzahl von Autoren (z.B. Laurendeau & Pinard, 1962; Smeets, 1973, 1974; Berzonsky, 1973a; Manaster, 1980; Williamson et al. 1982; Huang & Lee, 1945; Klingberg, 1957; Klingensmith, 1953)[21] mit individuellen Abweichungen diese Form der Erhebung. Die Versuchspersonen wurden gefragt: „Ist ein x lebendig oder tot?" (vgl. Russel & Dennis, 1939, S. 392), oder z.B. die Frageform von Laurendeau und Pinard (vgl. 1962, S. 265) „Ist ein x lebendig?" etc. Sowohl Laurendeau und Pinard (vgl. 1962, S. 265) als auch Russel und Dennis stellten einführende Fragen wie z.B. Folgende, die auch in der eigenen Untersuchung in einer kürzeren Form (vgl. S. 72) angewendet wurde:

> We are going to play a game. I am going to ask you some questions and we will see how many you can answer. You know what living means? A cat is living but if an automobile runs over it, it is dead (1939, S. 392).

Unabhängig davon wurde in der eigenen Untersuchung folgende Frage verwendet: „Ist x lebendig oder nicht lebendig?" Diese Form der Fragestellung geht auf Piaget zurück, denn „um die einfache Suggestion zu vermeiden, muss man die Frage in einer nicht-

21 Abhängig von der Datenanalyse fallen die Resultate der Studien unterschiedlich aus.

tendenziösen Form stellen (...) spürt er (der Tisch) etwas oder spürt er gar nichts"[22] (vgl. Piaget, 1988, S. 159).

Die Wichtigkeit dieser Vorgehensweise für die nachfolgende Untersuchung besteht darin, dass nach dem Urteil eine Begründung erfolgt, welche in die Analyse der Daten einbezogen wird. „(...) technique, which analyzes each child according to the internal coherence of his answer, have been favorable to the hypothesis of precausality" (Looft & Bartz, 1969, S. 6). Sowohl Laurendeau und Pinard (1962) als auch Russel und Dennis (1939) belegten durch diese Form des Verfahrens und die Analyse der Daten ein beträchtliches Ausmaß an animistischen Tendenzen.

3.5 Das eigene Verfahren

Die größte Schwierigkeit des Verfahrens III+ lag darin, die Kinder durch offene Fragen zu einem freien Erzählen zu animieren. Das Tiefeninterview in seiner reinen Form konnte an dieser Stelle so nicht eingesetzt werden, denn der kindliche Animismus hat kein ihm zugrunde liegendes Thema, anhand von welchem die Versuchspersonen ihre Verbindung zu diesem in Geschichten und Umgangsformen äußern können. Der kindliche Animismus existiert bei den Versuchspersonen in individuellen Formen und Wirklichkeiten. Es zeigte sich in Voruntersuchungen, dass sich vor allem die jüngeren Kinder, wenn sie nicht direkt bezüglich eines Gegenstandes oder einer Begebenheit befragt wurden, nicht auf die Untersuchungssituation einließen bzw. dass die Gespräche für die Erfassung animistischer Tendenzen nicht verwendbar waren. Verschiedene Vorgehensweisen wurden getestet bzw. Situationen geschaffen, um die Kinder zu einem freien Sprechen anzuregen: gemeinschaftliches Malen, Begutachtung der Spielsachen, gemeinschaftliches Spielen, Märchen nacherzählen lassen, Lieder singen, Spaziergänge durch die Natur, nach Träumen fragen. Diese verschiedenen Arten, das Kind zum freien Sprechen anzuregen, scheiterten. Entweder sie gingen nicht darauf ein und die an sie gerichteten offenen Fragen blieben meist unbeantwortet, oder sie gingen direkt in ein

---

22 Diese Frageform wurde bezüglich des den Dingen zugesprochenen Bewusstseins gestellt. Da Piaget (1926) aber das gleiche Verfahren auch für die Untersuchung des Begriffes „Leben" angewendet hatte (vgl. S. 178), ist davon auszugehen, dass die Frageform entsprechend ist.

Spiel über, wobei sie sehr oft von sich aus betonten, dass z.B. ein Pferd „nur im Spiel“ sprechen könne oder der Sandkuchen „nur im Spiel“ mit Erdbeeren belegt wäre. Während einer zweiwöchigen Tag- und Nachtbetreuung von 5 Kindern im Alter zwischen fünf und zehn Jahren konnten keine animistischen bzw. spontananimistischen Äußerungen vermerkt werden, welche zu einem grundlegenden Einstieg in das Thema des kindlichen Animismus führten. D.h., spontane Äußerungen wie „gute Nacht Tür, gute Nacht Tisch“ etc. konnten nicht verwendet werden bzw. führten nicht zu einem Einstieg, um das Thema zu vertiefen. Denn entweder antworteten die Kinder nicht auf weitere Fragen oder sie taten es als Spiel ab.

Das Vorhaben, einen ganz freien Gesprächsverlauf durchzuführen, wurde verworfen und ein direktes Fragen eingeleitet. Es zeigte sich, dass die Kinder und auch die älteren Versuchspersonen mit einem klareren abgesteckten Rahmen einen besseren Zugang zu einer freien Äußerung fanden. Eine erweiterte Vorgehensweise der Frage- und Begründungsform des Verfahrens III wurde angewandt. D.h., es wurden die 14 festgelegten Objekte der Verfahren I, II und III in einem erweitertem Feld besprochen, welches meist zu einem angeregten Austausch zwischen Versuchsperson und Interviewer führte. Fragen über Objekte, welche unabhängig von den 14 determinierten Objekten waren, konnten meist problemlos in das Gespräch miteinbezogen werden. Auf die innerhalb der Konversation eventuell auftretenden Erlebnisbeschreibungen, kleinen Geschichten und Vorstellungen der Versuchspersonen konnte eingegangen und diese ausgeführt werden. Animistische Tendenzen in diesen Geschichten, Erlebnissen und Vorstellungen zu finden, blieb bei jeder Versuchsperson im Vorfeld spekulativ. Die im Anhang (Auszug veröffentlicht) aufgeführten Protokolle des Verfahrens III+ erscheinen auf den ersten Blick sehr standardisiert, da jede Versuchsperson bezüglich jedes Objektes eine Meinung bzw. Begründung abgab. Bei näherer Betrachtung ist aber zu erkennen, dass jedes dieser Protokolle bzw. Gespräche offen gehalten ist. Manche Versuchspersonen, vor allem die jüngeren, antworteten nur kurz und knapp. Ein Nachhaken seitens des Interviewers führte zu ablehnender Haltung und Unlust. Um die Aufmerksamkeit des Kindes wiederzuerlangen, wurde der Fokus auf das nachfolgende Objekt gerichtet. Zusammenfassend kann festgehalten werden, dass jedes der Protokolle die situations- und versuchspersonbedingte Durchführung der Untersuchung spiegelt. Besondere Aufmerksamkeit ist in diesem Zusammenhang auf die Verhaltenserläuterungen zu richten, welche in den Ergebnissen bei jeder Versuchsperson aufgeführt sind.

3.6 Hypothesen

Die Hypothesen beziehen sich vornehmlich auf die Vergleichbarkeit zwischen den verschiedenen Verfahren. Da, wie in Punkt 3.2 erläutert, nur durch die Berücksichtigung von Erleben und Verhalten bzw. Erlebnisprozessen der Ausgangspunkt wissenschaftlich qualitativer psychologischer Forschung stehen kann (vgl. Baßler, 2007, S. 16), beziehen sich die Kernaussagen der Hypothesen auf diesen Gegenstand.

Die Ergebnisse derjenigen Studien, welche ein „ja/nein"-Urteil ohne Abgabe einer Begründung bzw. der Nicht-Einbeziehung einer Begründung in die Auswertung ihrer Erhebung zur Erfassung des kindlichen Animismus verwendet haben (vgl. z.B. Huang & Lee, 1945; Oakes, 1947; Klingensmith, 1953; Klingberg, 1957), belegten in ihren Ergebnissen geringe animistische Tendenzen. Aufgrund dieser Nicht-Beachtung wird angenommen, dass die Resultate dieses Verfahrens nicht in Analogie mit denjenigen Ergebnissen der Verfahren stehen, welche auf eine Begründung bestehen und diese in der Analyse berücksichtigen (vgl. hierzu auch Looft & Bartz, 1969, S. 6).

Hypothese 1: Im Verfahren I werden geringere animistische Tendenzen bezüglich des Begriffes „Leben" erwartet als im Verfahren III und Verfahren III+.

Ausgehend von den Ergebnissen bezüglich des kindlichen Animismus (vgl. z.B. Holland & Rohrmann, 1979; Beveridge & Davies, 1983; Dolgin & Behrend, 1984; Massey, 1988), welche durch eine Kartensortieraufgabe erzielt worden waren und nur minimale animistische Tendenzen belegten, indem sie den ihrer Meinung nach zu hohen Anspruch an das verbale Verständnis der Kinder auf ein Minimum reduzierten, wird davon ausgegangen, dass kaum animistische Tendenzen bezüglich des Begriffes „Leben" aufgezeigt werden können.

Hypothese 2: Im Verfahren II werden geringere animistische Tendenzen bezüglich des Begriffes „Leben" erwartet als im Verfahren III und Verfahren III+.

Um zu untersuchen, inwieweit das animistische Ausmaß durch die Zuschreibung oder Aberkennung von Lebendigkeitsmerkmalen auf belebte bzw. unbelebte Objekte belegt werden kann, werden die Ergebnisse von Beveridge und Davies (1983) überprüft, welche eine Altersabhängigkeit hinsichtlich der korrekteren Attributierung nachweisen konnten.

Hypothese 3: Mit zunehmendem Alter wird die Fehlerhäufigkeit geringer, nichtlebendigen Objekten Lebendigkeitsmerkmale zuzuschreiben.

Verfahren (vgl. z.B. Laurendeau & Pinard, 1962; Russel & Dennis, 1939), welche Urteil und Begründung in die Auswertung der Ergebnisse mit einbeziehen, konnten hohe animistische Tendenzen nachweisen.

Hypothese 4: Im Verfahren III sind höhere animistische Tendenzen bezüglich des Begriffes „Leben" zu erwarten als im Verfahren I und Verfahren II.

Russel und Dennis (1939) bestätigten die von Piaget gefundenen Stadien, Laurendeau und Pinard (1962) konnten nur vier der fünf Stadien replizieren. Trotz dieser Diskrepanz wird durch die Verwendung dieses Verfahrens angenommen, dass sich die Versuchspersonen nach den Kriterien von Piaget (vgl. 2.1.3) den Stadien zuordnen lassen.

Hypothese 4.1: Die Versuchspersonen lassen sich in das Stadienmodell Piagets eingliedern.

Im Verfahren III+, welches sowohl eine Weiterführung des Verfahrens III darstellt als auch unabhängige Erläuterungen zulässt, wird erwartet, dass sowohl die tatsächlichen Gedanken der Versuchsperson bezüglich des Begriffes „Leben" als auch das den Dingen zugesprochene Bewusstsein zum Ausdruck kommen, indem die Möglichkeit der freien Beschreibung von Erlebnisprozessen gegeben und zugelassen wird und sich das animistische Konzept der Versuchspersonen in seinem Ausmaß entfalten kann. Durch dieses Verfahren ist davon auszugehen, dass Piagets Theorie belegt werden kann.

Hypothese 5: Die Antworten der Versuchspersonen bezüglich des Begriffes „Leben" lassen sich in das Stadienmodell Piagets eingliedern.

Hypothese 5.1: Die Antworten der Versuchspersonen bezüglich des den Dingen zugesprochenen Bewusstseins lassen sich in das Stadienmodell Piagets eingliedern.

Hypothese 6: Die Antworten der Versuchspersonen lassen sich hinsichtlich des Begriffes „Leben" altersgemäß in das Stadienmodell Piagets eingliedern.

Hypothese 6.1: Die Antworten der Versuchspersonen lassen sich bezüglich des Begriffes „Bewusstsein" altersgemäß in das Stadienmodell Piagets eingliedern.

Aufgrund der Verschiedenheit der Verfahren und der Resultate der vorausgegangenen Untersuchungen (Huang & Lee, 1945; Klingberg, 1975; Beveridge & Davies, 1983; Laurendeau & Pinard, 1962; Russel & Dennis, 1939) sollte eine starke Diskrepanz zwischen den Verfahren bestehen, sowohl in Bezug auf jede Versuchsperson als auch bezüglich der zusammengefassten Gesamtergebnisse.

Hypothese 7: Zwischen den Verfahren I, II und Verfahren III, III+ ist kein innerer Zusammenhang zu erwarten.

Geht man von der Wissensdefizithypothese aus, welche animistische Tendenzen generell als einen Mangel an Wissen, Mangel an biologischem Wissen (vgl. z.B. Carey, 1985; Dennis, 1943), unvollständiges Wissen über Eigenschaften von Objekten (Dolgin & Behrend, 1649), ungenügendes Wissen über das Konzept „Leben" versteht und daraus schließt, dass dem Kind zwangsläufig durch dieses unzureichende Wissen „Fehler" unterlaufen, ist davon auszugehen, dass es einerseits keine Kongruenz zwischen den Aussagen der Kinder und andererseits der Jugendlichen und erwachsenen Untersuchungsteilnehmer gibt. Die jugendlichen und erwachsenen Untersuchungsteilnehmer sollten im Gegensatz zu den Urteilen und Begründungen der teilnehmenden Kinder ihre erlernten Auffassungen über biologisches Wissen, über die Eigenschaften von Objekten, ihr Konzept über das „Leben" einsetzen, um zwischen lebendigen und unlebendigen Objekten klar differenzieren zu können.

Hypothese 8: Zwischen den Urteilen und Begründungen der Kinder und den Aussagen der jugendlichen und erwachsenen Untersuchungsteilnehmer können keine Analogien verzeichnet werden.

3.7 Vorbereitung und Vorversuche

Im Vorfeld wurde eine dreitägige Hospitation in einem Waldorfkindergarten vorgenommen, welcher integrativ und dem Kinder- und Jugenddorf angegliedert ist. Demnach konnten die eventuell später zu befragenden Kinder die Untersucherin in einem ihnen vertrauten Umfeld wahrnehmen. Diese Hospitation bot die Möglichkeit, die Kinder zu beobachten, am kindlichen Spiel teilzunehmen, aber auch erste Fragen zu stellen. Dadurch konnte eine erste Möglichkeit der Herangehensweise, die Reaktion und das spontane Antwortverhalten der Kinder erfasst werden. Zusätzlich wurden im Arbeitsumfeld, in Kinderdorffamilien die Fragen der Kinder, Unterhaltungen zwischen Kindern und Handlungen der Kinder dokumentiert. In ersten Voruntersuchungen anhand dreier Versuchspersonen im Alter zwischen vier und sieben Jahren wurden die Verfahren I, II und III getestet. Die Herangehensweise und die benötigte Zeit konnten abgeschätzt werden. Festgestellt wurde, dass in den verschiedenen Verfahren die Lebendigkeitszuschreibungen variierten, sodass davon auszugehen war, dass die Verfahren unabhängig voneinander von den Kindern angesehen wurden (Vorversuche zu Verfahren III+ (vgl.3.5)).

3.8 Versuchspersonen

Aufgrund des Arbeitsverhältnisses und persönlicher Beziehungen wurden 12 der insgesamt 19 Versuchspersonen in einem Kinder- und Jugenddorf, einer vollstationären Jugendhilfeeinrichtung, in welcher Kinder und Jugendliche aus unterschiedlichsten sozioökonomischen und religiösen Hintergründen in familienanaloger Betreuung mit den Kinderdorfeltern leben, ausgewählt. Die anderen Versuchspersonen wurden aus dem näheren persönlichen Umfeld ausgesucht. Die Kinder und Jugendlichen besuchen unterschiedliche Kindergarten- und Schulformen, darunter Grund- und Hauptschule, Realschule, Schule für Lernbehinderte, Schule für Erziehungshilfe, Schule für Erziehungshilfe mit angegliedertem Förderbereich, Waldorfschule, integrativer Waldorfkindergarten und Waldorfkindergarten. An der Untersuchung nahmen 19 Personen im Alter zwischen 4 und 27 Jahren teil. Obwohl Piaget (vgl. 1988, S. 165) Befragungsschwierigkeiten bei zu jungen Personen sah, wurde diese Altersspanne aufgrund der Vergleichbarkeit mit den bereits vorgestellten Studien (Huang & Lee, 1945; Alter ab 3,5/ Beveride & Davies, 1983, Alter ab 5 Jahren) gewählt.

4J.	5J.	6J.	7J.	8J.	9J.	10J.	11J.	14J.	15J.	22J.	23J.	27J.
2	4	2	1	2	1	1	1	1	1	1	1	1

Unter den erwachsenen Versuchspersonen befinden sich eine junge Frau im Alter von 20 Jahren, welche vollstationär in einer sozialtherapeutischen Wohngruppe einer psychiatrischen Einrichtung untergebracht und geistig behindert ist, ein Techniker im Alter von 27 Jahren und eine Studentin für Sprachwissenschaften, 23 Jahre. In der Untersuchung wurde keine Rücksicht auf gleiche Geschlechterverteilung genommen, da dies m.W. keine Auswirkungen auf animistische Tendenzen hat. Religiöser und sozioökonomischer Status der Versuchspersonen wurde nicht berücksichtigt, da sie m.W. außer bei Buggle und Westermann-Duttlinger (1987) keine relevanten Variablen darstellen. Eventuell bestehende traumatische Erlebnisse der Kinder und Jugendlichen des Kinder- und Jugenddorfes, die zur Herausnahme aus der Herkunftsfamilie geführt hatten, und die damit verbundenen Beziehungsabbrüche wurden nicht berücksichtigt. Das mentale und chronologische Alter der Versuchspersonen reicht von kongruent bis nicht kongruent, aber diese Variable wurde weder klassifiziert noch beachtet.

Das Einverständnis der Sorgeberechtigten für die Befragung der Kinder und Jugendlichen wurde auf dem Elterninformationsblatt unterschrieben (unveröffentlichter Anhang).

Die Namen der Versuchspersonen wurden geändert.

Zwei Kinder im Alter von vier und fünf Jahren mussten aus der Untersuchung ausgeschlossen werden, da diese aufgrund von kindlicher Verweigerung nicht durchgeführt werden konnte.

3.9 Versuchsmaterial

In Verfahren II wurde allen Versuchspersonen das gleiche Untersuchungsmaterial vorgelegt. Hierbei handelte es sich um 14 Bilder, sowohl Postkarten als auch Fotos, welche unterschiedliche Größen hatten. Es wurde darauf geachtet, dass das zu befragende Objekt auf dem Bild klar zu erkennen war und im Vordergrund stand. Aus folgenden Objektkategorien, welche auch von Piaget verwendet worden waren, wurden Objekte präsentiert.

a) belebt	Tier: Vogel, Fisch, Pferd
	Pflanze: Baum, Blume
b) unbelebt	unbewegt: Tisch, Stein
	„Eigenbewegung“: Bach, Wolke, Mond, Feuer
	mechanische Bewegung: Auto, Fahrrad, Uhr

Für die Verfahren I und II wurde ein einseitiger Versuchsbogen verwendet, auf welchem sowohl die persönlichen Daten der Versuchsperson notiert als auch die Antworten in Tabellen eingetragen wurden. Ein Aufnahmegerät diente zur verbalen Befragung der Verfahren III und III+. Zusätzlich zu diesen immer verwendeten Versuchsmaterialien wurden den kleineren Kindern teilweise Steine, Blätter von Bäumen, Blumen, eine Uhr, Stifte und ein weißes Blatt Papier vorgelegt. Weiterhin wurden Gegenstände, welche sich im Raum befanden, und Dinge und Vorgänge, die man aus dem Fenster beobachten oder sehen konnte, individuell und spontan mit in das Verfahren III+ integriert.

Da die Untersuchung sich besonders auf jede einzelne Versuchsperson bezog, wird im Weiteren nicht nur der anonyme Begriff „Versuchsperson“, sondern auch die Begriffe „Kind/Kinder“, „Jugendlicher/Jugendliche“, „Erwachsener/Erwachsene“ verwendet.

3.10 Durchführung

Die Verfahren wurden in einem Zeitraum von 1,5 Jahren durchgeführt. In Vorexperimenten stellte sich heraus, dass es bei den jüngeren Kindern von Vorteil war, sie in ihrem eigenen Umfeld zu befragen, da eine Unvertrautheit des Raumes, der Umgebung eine Unsicherheit mit sich brachte. Zusätzlich konnte zu Beginn ein einführendes Gespräch erfolgen, welches sich auf die selbstgemalten Bilder, die Kuscheltiere, die Spielsachen etc., die sich im Kinderzimmer befanden, bezog. Die Befragung fand auf dem Fußboden des Zimmers statt. Gründe dafür waren: 1. das Nicht-Vorhandensein eines Tisches in den meisten Fällen, an welchem man sich gegenüber sitzen konnte, und 2. das Sitzen auf dem Boden vermittelte eine ungezwungene Atmosphäre. Es wurde darauf geachtet, dass der Blick aus dem Fenster für die Versuchsperson und den Untersucher gegeben war, um bei der Befragung eventuell auch direkt die natürliche Umgebung miteinzubeziehen. Die Untersuchung wurde nach Absprache mit den Kinderdorfeltern/Eltern nachmittags durchgeführt. Bei den älteren Kindern wurde von Seiten der Kinderdorfeltern kurz der Grund für die Befragung angegeben, bei den jüngeren Kindern stand das Spiel im Vordergrund (z.B. „die Antonia kommt heute Mittag, um mit dir ein bisschen zu spielen“). Ein zeitlicher Rahmen für die Durchführung der Untersuchung wurde nicht festgelegt. Abhängig vom Kind und seiner momentanen Verfassung, Lust, Konzentrationsfähigkeit und Bereitwilligkeit konnte die Untersuchung zwischen minimal 45 Minuten und zwei Stunden variieren. Zwischen den verschiedenen Verfahren wurde meist eine spielerische Pause eingelegt, welche von den Kindern meist nicht bemerkt wurde. Über die Gegenstände im Raum wurde gesprochen, über den heutigen Kindergartenbesuch oder Schultag. Nach dem einführenden Gespräch über die Gegenstände im Zimmer etc. und wenn das Kind bereit zu sein schien, wurde der Name, das Alter, der Geburtstag, das Datum des Befragungstages auf dem Versuchsblatt notiert und eine einführende Frage gestellt.

„Weißt du, was es bedeutet, lebendig zu sein?“ Wenn das Kind keine Antwort wusste, wurde eine Erklärung seitens des Untersuchers gegeben: „Wenn eine Katze über die Straße läuft und es kommt ein Auto und überfährt sie, dann ist sie tot“ (vgl. Russel & Dennis, 1939, S. 392). Bei den Kindergartenkindern wurde diese Erklärung aufgrund ihrer Dramatik, da fast jede der Kinderdorffamilie eine Katze besitzt und eine persönliche Beziehung zum Tier existiert, nicht verwendet. Hier wurde eine Erklärung z.B. wie folgt abgegeben: „Da unten ist doch ein Teich (alle Kinder kennen den kleinen Teich), und wenn jetzt z.B. eine Ratte um den Teich herumläuft und versehentlich hineinfällt, dann ertrinkt sie und dann ist sie tot.“

Im Anschluss erfolgte das Verfahren I, da dieses schnell und eher leicht durchzuführen war. Daran schloss sich die Kartensortieraufgabe, Verfahren II an, welche einen spielerischen Charakter hat. Bei den jüngeren Kindern wurde vorab gefragt, was sich für Objekte auf den Bildern befinden, um klarzustellen, dass sie jedes Objekt mit Bestimmtheit erkennen konnten.

Nach der Erläuterung der Aufgabe[23] wurden die Karten von der

---

23 „Du darfst jetzt eine Kartensortieraufgabe machen. Sie ist nicht schwer und wenn du bei einer Karte nicht weißt, auf welchen Stapel du sie legen sollst, dann kannst du es mir einfach sagen. Hier hast du die Karten. Wenn du glaubst, die Karte, die du dir anschaust, kommt auf den Stapel für „lebendig/ fühlen/hören“ etc., dann tu es auf den Stapel für „lebendig“, wenn du glaubst, dass das, was auf der Karte ist, nicht lebendig ist, dann tu es auf den Stapel für „nicht lebendig.“ Hast du verstanden, wie es geht? Und wenn du all die Karten, die vor dir liegen, auf die verschiedenen Stapel sortiert hast, dann werde ich dich erneut fragen, z.B.: Kann dasjenige, was auf der Karte ist, atmen oder nicht atmen? Und du darfst sie wieder auf die verschiedenen Stapel sortieren.“

Versuchsperson in verschiedene Stapel sortiert und nach jedem Durchgang neu gemischt. Kommentare von Seiten der Versuchsperson während der Versuchsdurchführung wurden auf dem Untersuchungsblatt notiert.

Zum Abschluss fanden die verbalen Befragungen mittels eines Tonbandgerätes statt. Allen jüngeren Versuchspersonen wurde die Funktion des Tonbandgerätes erklärt und bei eventueller Skepsis wurde vorab eine Probeaufnahme, bei welcher sie irgendetwas sagen durften, durchgeführt und abgespielt. Bei aufkommenden Fragen („Warum musst du das machen?") wurde den Kindern der Grund für die Versuche in kindlicher Weise übermittelt[24]. Einige der jüngeren Kinder fragten nach, wer schon befragt worden war, wie lange es gedauert hatte, ob die gleichen Fragen gestellt worden waren. Da sich die Kinder des Kinder- und Jugenddorfes in den bestimmten Altersgruppen meist untereinander kennen, konnte ihnen die Scheu genommen werden, indem sie nun wussten, dass ihre Freundin, ihr Freund, das andere Kind aus der Schule, dem Kindergarten auch befragt worden waren. Diese Unsicherheit trat aber nur bei der verbalen Befragung auf, die mittels des Aufnahmegerätes durchgeführt wurde. Die Befragung verlief auf eine sehr offene, flexible Weise. Wenn das Gespräch zu weit abschweifte, die Kinder aufstanden, um irgendetwas, das nichts mit der Befragung zu tun hatte, zu zeigen, oder wenn sie keine Lust mehr hatten, wurde versucht, in positiver Weise auf sie einzugehen und sie „zurückzuholen." Ausgesprochenes Lob wirkte sich auf die Befragung und auf die allgemeine Situation sehr positiv aus. Am Ende der Befragung wurde bis ins Alter von ca. zehn Jahren eine Belohnung übergeben, in Form eines in Geschenkpapier gewickelten Edelsteines, und das Kind wurde in Anwesenheit der Eltern/Kinderdorfeltern gelobt.

---

24 „Weißt du, ich gehe auf eine Schule für Erwachsene, die nennt man Universität. Und ich bin jetzt fast fertig mit der Universität, das heißt, ich hab schon bald alles gelernt, was ich lernen sollte. Und ganz ganz am Schluss müssen alle, die dort sind, eine Abschlussarbeit schreiben, d.h., ich muss so etwas Ähnliches wie ein Buch schreiben, und ich schreibe darüber, was Kinder so denken, weil mich das interessiert. Und deswegen bin ich heute zu dir gekommen und ich war auch schon bei ganz vielen anderen Kindern, um mit ihnen zu reden."

Die Befragung der Jugendlichen fand im Besprechungszimmer einer Kinderdorffamilie statt, die Befragung der Erwachsenen in deren privaten Räumlichkeiten. Auch hier variierte die Länge der Versuchsdurchführung zwischen minimal einer und zwei Stunden. Generell konnte kein altersbezogener Unterschied bezüglich der zeitlichen Länge der Untersuchung festgestellt werden.

3.11 Auswertung

Da die Anzahl der Objekte bzw. der unlebendigen Objekte sehr gering ist, wird jedes Objekt im Vergleich der Verfahren einzeln betrachtet. Es wird darauf geachtet, welche Objektkategorien von den Versuchspersonen benannt werden, um einen Vergleich zum Stadienmodell Piagets ziehen zu können (lebendige Objekte; unlebendige Objekte, welche sich nie bewegen; unlebendige Objekte mit scheinbarer Eigenbewegung; unlebendige Objekte mit mechanischer Bewegung). Bei den Verfahren I und II wird die Eingliederung in das Piagetsche Stadienmodell nicht vorgenommen, da nach Angaben der Autoren (vgl. Huang & Lee, 1945; Klingberg, 1957; Beverdige & Davis, 1983) und deren Ergebnissen nicht zu erwarten ist, dass eine Großzahl animistischer Tendenzen durch diese Art des Vorgehens hervorgerufen werden. Somit bezieht sich die Auswertung dieser Ergebnisse auf die Ergebnisse der Verfahren III und III+. Es wird sowohl eine tabellarische Darstellung, welche sich auf den Begriff der Lebendigkeit und auf die 14 festgelegten Objekte bezieht, als auch eine schriftliche Auswertung und ein Vergleich vorgenommen, welche für die Gesamtuntersuchung stärker zu berücksichtigen sind. Beachtet werden hierbei vor allem Erläuterungen über Objekte, welche nicht Teil der 14 festgelegten Objekte sind, oder Erlebnisse der Versuchspersonen, welche einen animistischen Aussagegehalt haben.

Die Aussagen aller Versuchspersonen werden auf die zugrunde liegenden Hypothesen bezogen und es wird eine individuelle Einschätzung aufgrund der Aussagen und des Verhaltens der Versuchspersonen vorgenommen. Die Begriffe „Leben“ und „Bewusstsein“ werden sowohl gesondert als auch zusammengefasst betrachtet, da der gemeinsame Tenor, der kindliche Animismus, als Gesamtkonzept angesehen wird.

Die Resultate der Zuschreibung von Lebendigkeitsmerkmalen des Verfahrens II werden nicht auf jede einzelne Versuchspersonen gesondert ausgewertet und dargestellt, da die Zuschreibung von

Lebendigkeitsmerkmalen nicht mit den anderen Verfahren verglichen werden kann. Die Ergebnisse werden geschlossen in der Zusammenfassung der Hypothesenergebnisse (vgl. S. 126) erläutert und als Grafiken im Auszug/Anhang dargestellt.

4 ERGEBNISSE

Im ersten Teil der Ergebniserläuterung wird bei jeder Versuchsperson der Gesamteindruck der Untersuchungseinheit wiedergegeben. Verfassung, Lust, Konzentrationsfähigkeit und Bereitwilligkeit schwankten bisweilen stark zwischen den einzelnen Verfahren und stellen deshalb zum Teil ein widersprüchliches Bild zum beschriebenen Gesamteindruck dar.

4.1 Karl

Karl, 10 Jahre, ist von den gestellten Fragen relativ gelangweilt. Dies demonstriert er durch häufiges Seufzen und das Zurechtlegen seines großen Kissens, auf welchem er es sich auf dem Boden bequem gemacht hat. Er ist sehr müde von der Schule, gleichzeitig zieht es ihn hinaus zum Fußballspielen. Er lässt sich nicht wirklich auf das Interview ein. Trotzdem ist er teilweise sehr konzentriert, jedoch gibt er meist nur recht kurze Antworten.

Karl beantwortet die Fragen des **Verfahrens I** schnell und ohne länger überlegen zu müssen. ***Hypothese 1*** kann nicht bestätigt werden, da Karl mehr animistische Tendenzen in V.I aufzeigt als in V.III und V.III+. Fünf von neun unlebendigen Objekten werden in V.I als lebendig angesehen. In V.III und V.III+ werden außer dem Objekt „Feuer“, welches unbestimmt bleibt, keine animistischen Tendenzen sichtbar (vgl. Tab., S. 79).

Für das **Verfahren II** nimmt sich Karl viel Zeit. Er erläutert zum Teil seine Annahmen und revidiert öfters seine Meinung. Karl setzt sich mit dem Thema und der Aufgabe intensiv auseinander. ***Hypothese 2*** kann nicht bestätigt werden, da sieben von neun unlebendigen Objekten als lebendig angesehen werden, in V.III und in V.III+ kein Objekt, nur das Objekt „Feuer“ bleibt unbestimmt (vgl. Tab., S. 79). ***Hypothese 3***, siehe S. 126.

Im **Verfahren III** überlegt sich Karl seine Antworten genau. Über die Lebendigkeit des Feuers hat er eine geteilte Meinung, denn es ist für ihn *„einigermaßen, also halbe, halbe“* lebendig, weil *„des muss man ja anzünden“*, aber es kann sich von selbst verbreiten. ***Hypothese 4*** kann aufgrund der Resultate des V.I und V.II nicht bestätigt werden (vgl. Tab., S. 79).

Hypothese **4.1** kann bestätigt werden. Karl lässt sich in das Stadienmodell Piagets eingliedern. Außer dem Objekt „Feuer" lassen sich Karls Antworten dem vierten Stadium zuordnen, wobei zu vermerken ist, dass er keine Begründung für die Objekte „Wolke", „Bach" und „Stein" abgeben kann.

> Der Baum ist lebendig, *„weil er wächst ja mit dem Wasser und so, da saugt der sich voll und wächst immer mehr."* Der Mond ist nicht lebendig, *„weil der Gott den Mond und ähm, die Sonne tut er ja immer, also so am Anfang kommt die Sonne und dann kommt der Mond, des macht alles der Gott."* Das Fahrrad ist nicht lebendig, *„weil ja der Mensch mit dem Fahrrad fährt."* Ein Tisch ist nicht lebendig, denn er *„ist (...) zerhackt worden erst."* Das Auto ist nicht lebendig, *„weil wir Menschen es steuern..., des ist ja selbst gebaut."* Die Uhr ist nicht lebendig, *„weil man's ja gemacht hat mit Batterien und solchen Drähten und solchen spitzen Teilen, dass es sich immer dreht."*

Obwohl die Fragen des **Verfahrens III+** teilweise schwierig für Karl sind, durchdenkt er seine Antworten genau. Für die Lebendigkeitszuschreibung eines unlebendigen Objektes revidiert Karl in dem weiterführenden Verfahren seine Meinung nicht. Alle Objekte, welche schon in V.III als lebendig und unlebendig angesehen worden waren oder als zweifelhaft (Feuer), bleiben bestehen. ***Hypothese* 5** wurde bestätigt, Karl befindet sich im vierten Stadium. Das Objekt „Wolke", für welches in V.III keine Begründung abgegeben werden konnte, wird in V.III+ begründet. Das Kriterium der Bewegung wird zur Erklärung eingesetzt.

> *„ne die ist nicht lebendig (laut) (...) weil der Wind, der tut die Wolken ja vorantreiben."* „Mhm..., und wenn se des von alleine könnten, sich bewegen?" *„Dann wär'n se ja lebendig."* „Mhm..., und sag mal, ist dann der Wind lebendig?" *„Nö..., weil wir Menschen können ja auch Wind machen, wenn wir pusten (er pustet gegen seine Hand)."*

Hypothese **5.1** ist bestätigt. Karl befindet sich im vierten Stadium. Bewusstsein wird den Tieren und Pflanzen vorbehalten. Alle unlebendigen Objekte können nichts spüren bzw. fühlen und wissen, abgesehen vom Baum, welcher etwas empfinden kann.

> „(...) wenn du n Stück von der Rinde abmachst vom Baum, spürt der des?" *„Ja."* „Was spürt der da?" *„Des ist ja seine Haut und die ist ja dann offen."* „Mhm..., meinst du, des ist so wie bei uns" *(unterbricht) „Ja."*

Hypothese 6 kann nicht bestätigt werden. Karl (10) befindet sich im Erwachsenenstadium.

Hypothese 6.1 kann nicht bestätigt werden, da seine Antworten dem Erwachsenenstadium zuzuordnen sind.

Hypothese 7 konnte bestätigt werden. Zwischen den V.I, V.II und V.III, V.III+ ist kein größerer innerer Zusammenhang zu erkennen, da sich die Antworten nicht decken (vgl. Tab., S. 79).

Sehr auffällig ist, dass genau diejenigen Verfahren, welche geringe animistische Tendenzen hervorrufen sollten, ein gegenteiliges Ergebnis herbeiführten. Die beträchtlichen animistischen Antworten im V.I und vor allem im V.II kamen in den V.III und V.III+ nicht mehr vor. Durch die verbalen V.III und V.III+ konnte ein für das Alter wahrscheinlicheres animistisches Konzept aufgezeigt werden. Demnach ist anzunehmen, dass die V.I und II zu einer Verwirrung über den Begriff „Leben" geführt haben.

	Bau.	Pfe.	Mon.	Fah.	Fis.	Feu.	Tis.	Bac.	Aut.	Uhr	Ste.	Wol.	Vog.	Blu.
V.I	X	X			X	X	X	X			X	X	X	X
V.II	X	X	X	X	X	X	X	X			X	X	X	X
V.III	X	X			X	?							X	X
V.III+	X	X			X	?							X	X

4.2 Nina

Nina, 7 Jahre, kann sich über eine Stunde auf das Interview konzentrieren, sie spricht begeistert, mit lauter Stimme und lebhaft. Sie bleibt während des gesamten Interviews auf dem Boden sitzen. Ihr macht es Spaß, sich mit den verschiedenen Verfahren auseinanderzusetzen.

Während des **Verfahrens I** antwortet Nina schell und gezielt auf die Fragen. ***Hypothese 1*** kann nicht bestätigt werden, da Nina in allen vier Verfahren bezogen auf die 14 festgelegten Objekte annähernd bei denselben Aussagen bleibt. Der Mond und die Wolken werden als lebendig angesehen. Der Bach ist in V.II lebendig, in V.III und V.III+ ist sie sich über dessen Lebendigkeit nicht sicher.

Während des **Verfahrens II** ist Nina sehr konzentriert und sie überlegt sich teilweise sehr lange, auf welchen Stapel sie die Karten legen soll. Dabei stellt sie keine Fragen und erläutert keine ihrer Entscheidungen. Aus den gleichen Gründen wie in Hypothese 1 kann ***Hypothese 2*** nicht bestätigt werden, da ein zusätzliches unlebendiges Objekt, der Bach, neben dem Mond und den Wolken als lebendig angesehen wird (vgl. Tab., S. 82). ***Hypothese 3***, siehe S. 126.

Nina kann ohne große Mühe in **Verfahren III** ihre Antworten formulieren. Ebenso wie Hypothese 1 und 2 kann ***Hypothese 4*** nicht bestätigt werden. Nina zeigt keine größeren animistischen Tendenzen, wobei sie keine Begründung für die Unlebendigkeit des Steines abgeben kann und sie sich über die Lebendigkeit des Baches unsicher ist: *„äh…, denk mir ja oder nein, eins von beiden."*

Hypothese 4.1 kann bestätigt werden, denn Nina lässt sich in das dritte Stadium nach Piaget eingliedern. Abgesehen von der Unsicherheit bezüglich der Lebendigkeit des Baches und der gänzlichen Aberkennung der Lebendigkeit des Feuers in allen angewendeten Verfahren sind nur diejenigen Objekte mit einer scheinbaren Eigenbewegung, der Mond und die Wolken, für sie lebendig.

> Die Wolke ist lebendig, *„weil des Wasser lebendig ist, sonst gibt's kein Regen, weil aus Dampf ist vom Regen."* Der Mond ist lebendig, *„weil, weil, weil… der Licht macht, sonst könnte der doch kein Licht machen."* Im Gegensatz dazu ist das Feuer aber nicht lebendig, *„weil es 'n Licht macht wie die Sonne."* Das Auto ist nicht lebendig, denn *„(…) es hat Strom wie das Fahrrad und es kann nichts fühlen."* Die Uhr ist nicht lebendig, *„weil des des gleiche ist wie Auto, des ist kleiner, des braucht Strom und da sind Zeiger, die zeigen die Zahlen."*

Während des **Verfahrens III+** antwortet Nina teilweise nicht direkt auf die gestellten Fragen und sie erscheint mitunter etwas konfus. Dennoch versucht sie, ihre Annahmen verständlich zu machen und einige ihrer Antworten scheinen vorhandene Überzeugungen zu sein. ***Hypothese 5*** kann bestätigt werden, denn sie revidiert in V.III+ keine ihrer in V.III gemachten Aussagen. Demnach befindet sie sich im dritten Stadium, denn die Objekte mit einer Eigenbewegung sind für sie lebendig. Zusätzliche unlebendige Objekte werden als lebendig benannt. Finalistische Ansichten, ein christlich geprägtes Weltbild und das Kriterium der Bewegung sind zur Erklärung der Lebendigkeit zu erkennen.

> Obwohl Nina recht gut weiß, warum der Mond leuchtet, denn *„der wird von der Sonne angestrahlt, von unten nach oben und dann kommt des Licht da durch"*, ist sie sich trotzdem sicher, dass er lebendig ist, weil *„(…) der Licht macht, sonst könnte der doch kein Licht machen."* Somit ist für sie auch die Sonne lebendig, denn *„sonst hätt's kein Licht gestrahlt."* Die Wolke ist lebendig, *„weil des Wasser lebendig ist, sonst gibt's*

> *kein Regen (...).“* Es regnet, weil die Wolke aus *„(...) Wasser gemacht ist, also kommt Wasser da raus, weil die Pflanzen auch Wasser haben wollen.“* Sie regnet *„(...) einfach irgendwie, wie der Gott des will.“* Die Wolken *„können, die können die Sonne versperren, dass sie nicht strahlt (...).“ „Die machen des, dass Regen kommt (...).“* Gott bestimmt, dass die Wolken ihre Farbe ändern und *„(...) wenn's regnet nachts (...) da hab ich mal gesehen, das sie immer hin und her gehen (...).“* „(...) und machen die des von alleine, hin und her gehen?“ *„(...) ich weiß es nicht, aber ich denk Gott hat's gesagt (...).“* So wie der Mond, die Sonne und die Wolke ist auch der Wind für Nina lebendig, denn *„sonst hätt' er kein Wind gemacht, wenn er nicht lebendig wäre.“*

Hypothese 5.1 ist bestätigt. Nina befindet sich im dritten Stadium. Bewusstsein haben die lebendigen Objekte, aber nicht alle Objekte mit einer scheinbaren Eigenbewegung. Der Bach bleibt für sie ein Objekt, welches sowohl lebendig und mit Bewusstsein ausgestattet sein kann als auch nicht. Dem Feuer spricht sie sowohl Leben als auch Bewusstsein ab.

> Fühlen oder wissen kann ein Baum nicht, wenn man an ihm hochklettert, aber *„vielleicht wissen die Bäume, (...) dass sie abgesägt werden.“* Der Mond kann *„(...) wissen, wenn jemand* (auf ihm) *drauf ist,* (...) *weil er fühlen kann“* und er könnte vielleicht wissen, dass man abends im Bett liegt und schläft. Im Gegensatz dazu: „(...) weiß die (Sonne), dass wir jetzt z.B. draußen spielen oder spazieren gehen?“ *„Des weiß die, weil's Tag ist, ja.“* Die Regentropfen der Wolken wissen und spüren, wenn sie auf Pflanzen, Dächer und auf den Kopf fallen, *„(...) weil des Wasser lebendig ist.“* Weiterhin können sie spüren, wie weich das Material ist, auf welches sie fallen. Denn *„wenn man Kapuze auf hat und die Jacke, (...) wenn man äh Kleid an hat nur und keine Jacke und die fliegen auf die Kleider, dann wissen die, dass es auf dem Mensch ist und wenn's 'n Schaf, dann ist es halt anders, weil des viel weicher ist als Kleider.“* Die Regentropfen *„wissen aber nicht die Namen“* der Gegenstände, auf die sie fallen. Obwohl Nina dem Wind die Lebendigkeit zuspricht, erkennt sie ihm aber das Bewusstsein ab. So kann der Wind nicht spüren, wenn er gegen eine Hauswand bläst, denn *„(...) dann geht er einfach weiter, des stört ihn nicht.“*

Hypothese 6 kann nicht bestätigt werden. Nina (7) befindet sich im dritten Stadium.

Hypothese 6.1 kann nicht bestätigt werden, denn Ninas Antworten lassen sich dem dritten Stadium zuweisen.

Hypothese 7 konnte für die 14 festgelegten Objekte nicht bestätigt werden, da keine starke Diskrepanz besteht (vgl. Tab., S. 82).

Die zusätzlichen Objekte, welche Nina als lebendig benennt, Sonne, Wind, lassen auf ein Ausmaß an animistischen Tendenzen schließen, welche nicht alle erfasst werden konnten. Auch bezüglich des Begriffes „Bewusstsein" sind weitere Tendenzen anzunehmen, welche nicht benannt worden waren. Eindeutig ersichtlich ist, dass sie den mechanisch bewegten Gegenständen und den Gegenständen, welche nie in Bewegung sind, keine Lebendigkeit und kein Bewusstsein zuerkennt.

	Bau.	Pfe.	Mon.	Fah.	Fis.	Feu.	Tis.	Bac.	Aut.	Uhr	Ste.	Wol.	Vog.	Blu.
V.I	X	X	X		X							X	X	X
V.II	X	X	X		X			X				X	X	X
V.III	X	X	X		X			?				X	X	X
V.III+	X	X	X		X			?				X	X	X

4.3 Phillip

Phillip, 8 Jahre, ist generell zwar sehr aufmerksam und hat keine großen Probleme, die Untersuchung zu bewältigen, aber sein größtes Interesse bezieht sich auf die technische Funktion des Aufnahmegerätes. Dadurch wird der Gesprächsverlauf immer wieder unterbrochen. In seinem Zimmer sind eine Vielzahl von verschiedenen kleinen Gegenständen, wie z.B. Batterien, Schraubenzieher, Kabel, Nägel, eine Unmenge an Kleinstteilen zur Herstellung von neuen „technischen" Objekten oder zum Auseinanderbau von Objekten.

Durchdacht beantwortet Phillip die Fragen des **Verfahrens I**. ***Hypothese 1*** kann nicht bestätigt werden, da Phillip in V.I vier nichtlebendigen Objekten (Feuer, Bach, Wolke, Mond) eine Lebendigkeit zuspricht; in V.III und V.III+ reduziert sich die Anzahl auf zwei (Mond, Feuer) (vgl. Tab., S. 84).

Phillip setzt sich mit der Aufgabenstellung des **Verfahrens II** lange auseinander und stellt sich selbst Fragen. ***Hypothese 2*** kann nicht bestätigt werden, da Phillip in V.II vier von neun unlebendigen Objekten Leben zuspricht; in V.III und V.III+ reduziert sich die „Fehleranzahl" auf zwei, bezogen auf die 14 festgelegten Objekte (vgl. Tab., S. 84). ***Hypothese 3***, siehe S. 126.

Phillip antwortet schnell und gewissenhaft auf die Fragen, die in **Verfahren III** gestellt werden. ***Hypothese* 4** wird angesichts der Resultate des V.I und V.II nicht bestätigt (vgl. Tab., S. 84).

Phillip ist dem dritten Stadium zuzuordnen, denn eine Lebendigkeit wird nicht nur den Tieren und Pflanzen zugeschrieben, sondern auch den Objekten „Mond" und „Feuer." ***Hypothese* 4.1** ist bestätigt.

> Der Baum ist lebendig, *„(…) weil man sieht, die wachsen immer und im Winter sind sie ganz kahl."* Der Mond ist lebendig, *„weil er sich dreht."* Das Feuer, denn *„des atmet auch mit Sauerstoff."* Unlebendig sind alle mechanisch bewegten Gegenstände sowie der Stein, *„(…) weil er kein Blut hat"*, die Wolken, *„(…) sonst täten se schwätzen"*, der Bach *„ähm… weil's net atmet."*

Phillip kann mit dem **Verfahren III+** gut umgehen. Er überlegt sich seine Antworten genau und kann diese sowohl verständlich machen als auch teilweise recht logisch begründen. In diesem weiterführenden Gespräch revidiert Phillip keine seiner in V.III genannten Annahmen. Der Mond, das Feuer, die Tiere und Pflanzen bleiben für ihn lebendige Objekte. ***Hypothese* 5** ist bestätigt, denn Phillips Antworten lassen sich dem dritten Stadium zuordnen. Abgesehen von den 14 festgelegten Objekten schreibt er den Sternen Lebendigkeit zu, begründen kann er seine Annahme jedoch nicht.

Bezüglich des Bewusstseins spricht Phillip nicht nur den Tieren und Pflanzen ein Bewusstsein zu, sondern auch nichtlebendigen Objekten. Auffallend ist, dass er nicht denjenigen unlebendigen Objekten ein Bewusstsein zuspricht, welche er als lebendig ansieht, und nicht allen beweglichen Gegenständen, sondern nur den mechanisch bewegten Objekten, die für ihn nicht lebendig sind. Somit ist es recht schwierig, Phillip in eines der Stadien einzugliedern, und ***Hypothese* 5.1** kann nicht bestätigt werden.

> Der Baum ist lebendig, *„weil man sieht, die wachsen immer, im Winter, da sind se ganz kahl."* „Meinst du, die wissen, dass sie keine Blätter haben?" *„Ähm … ja."* *„Weil der Baum des merkt, wenn ein Blatt abfliegt."* Außerdem weiß der Baum, wenn Phillip auf ihm ist, *„(…) weil die Äste sich bewegen dann (lacht)."* Das Auto ist nicht lebendig, *„weil's net atmet."* Aber „(…) wenn wir uns ins Auto reinsetzen und (…) zum Einkaufen fahren, weiß des Auto, dass wir nach S. (Ort) fahren?" *„Ähm…, nein, aber, aber es spürt, dass es fahrt."* „Ja?" *„Ja, weil es ist ja Benzin drin."* „Mhm…, also es spürt, dass es

> fährt?" *„Mhm."* „(…) spürt des Auto auch, dass wir da drin sitzen?" *„Ne, aber nur bei einem merkt er's, nämlich der lenkt, der Gas gibt."* „Mhm, da merkt er's und die Kinder, die merkt er nicht oder was?" *„Ne."* Das Auto aber merkt, wenn man um die Kurven fährt, wenn man die Gangschaltung betätigt und wenn man tanken geht, denn *„dann kriegt er schönes frisches, frisches Diesel."* Das Fahrrad kann nicht spüren und nicht wissen, wenn man auf ihm fährt. Im Gegensatz dazu kann das Flugzeug dieselben Dinge wissen und spüren wie das Auto. Die Uhr ist zwar nicht lebendig, aber der Wecker kann wissen, wenn man ihn auf eine bestimmte Uhrzeit stellt, *„wegen dem Zeiger."*

Hypothese 6 wird bezüglich des Begriffes „Leben" bestätigt.

Hypothese 6.1 kann nicht bestätigt werden.

Hypothese 7 wurde bestätigt, denn zwischen den V.I, V.II und V.III, V.III+ ist kein größerer innerer Zusammenhang zu verzeichnen. Die Antworten sind nicht deckungsgleich.

Wie bei Karl riefen auch bei Phillip die V.I und V.II mehr animistische Tendenzen bezüglich des Begriffes „Leben" hervor als die V.IIII und V.III+.

	Bau.	Pfe.	Mon.	Fah.	Fis.	Feu.	Tis.	Bac.	Aut.	Uhr	Ste.	Wol.	Vog.	Blu.
V.I	X	X	X		X	X		X				X	X	X
V.II	X	X	X		X	X		X				X	X	X
V.III	X	X	X		X	X							X	X
V.III+	X	X	X		X	X							X	X

4.4 Ben

Ben, 6 Jahre, ist während des gesamten Interviews recht konzentriert. Einige Male muss er sowohl auf den Boden als auch zum Thema „zurückgeholt" werden. Seine Beschreibungen und Antworten scheinen aus vollster Überzeugung zu kommen. Dies lässt sich nicht nur an seiner Gestik und Mimik erkennen, sondern vor allem im weiterführenden Gespräch durch leises und lautes Sprechen.

Schnell und ohne Probleme antwortet Ben im **Verfahren I** auf die gestellten Fragen. ***Hypothese 1*** kann nicht bestätigt werden, da im Gegensatz zu V.III und V.III+, in welchen keine animistischen Tendenzen bezogen auf die 14 festgelegten Objekte zu verzeichnen sind, das Objekt „Mond" als lebendig eingestuft wird (vgl. Tab., S. 86).

Kommentarlos sortiert er die Karten auf die verschiedenen Stapel. Er überlegt teilweise sehr lange. Die Aufgabe des **Verfahrens II** hat für ihn einen spielerischen Charakter und er macht sie mit Freude und Hingabe. ***Hypothese* 2** kann für die 14 festgelegten Objekte nicht bestätigt werden, da die Lebendigkeitszuschreibungen in den V.II, V.III und V.III+ analog zueinander sind (vgl. Tab., S. 86). ***Hypothese* 3** siehe S. 126.

Ben scheint zwar zu wissen, welche Objekte lebendig oder nicht lebendig sind, aber eine Begründung für sein Urteil des **Verfahrens III** kann er häufig nicht abgeben. Trotzdem wird er durch seine eigene „Unwissenheit" nicht unsicher. Aufgrund der Ergebnisse der V.I und V.II kann die ***Hypothese* 4** nicht bestätigt werden. Es ist möglich, Bens Antworten dem vierten Stadium zuzuordnen, da er nur den Tieren und Pflanzen eine Lebendigkeit zugesteht. ***Hypothese* 4.1** ist somit bestätigt.

> Ein Baum ist nicht mehr lebendig, *„wenn er abgesägt wird (...)."* Der Vogel ist lebendig, *„weil er fliegen kann."* Das Fahrrad ist nicht lebendig, *„weil es kein Tier oder Mensch ist."* Der Tisch ist nicht lebendig, *„weil er auf dem Boden steht."* Das Auto ist nicht lebendig, *„weil es auf der Straße fährt."*

Ben fällt es sehr schwer, seine Antworten zu begründen und ein weiterführendes Gespräch über die Objekte des **Verfahrens III+** zu führen. Er ist sehr unaufmerksam und seine Mimik und Gestik verraten, dass er sich nicht auf diese Aufgabe einlassen möchte. Somit fällt das Gespräch über das Bewusstsein der Objekte und die nochmalige Überprüfung des Begriffes „Leben" sehr begrenzt aus.

***Hypothese* 5** kann nicht bestätigt werden, da eine Überprüfung der genaueren Lebendigkeitszuschreibung nicht erfolgen konnte. ***Hypothese* 5.1** kann bestätigt werden, da Ben keinem unlebendigen Objekt, bezüglich der 14 festgelegten Objekte, ein Bewusstsein zuspricht. Seine Begründung, ist in den meisten Fällen aber ein *„weiß ich nicht"* oder ein einfaches *„nein."*

Das V.III+ kann unabhängig von den Objekten weitergeführt werden. Ben erzählt eifrig über das, was seine Kuscheltiere anstellen. Animistische und antrophomorphe Ausprägungen werden klar ersichtlich. Dieses Gespräch kann aber in der Untersuchung nicht bewertet bzw. nicht berücksichtigt werden, da die Hypothesen und die Theorie Piagets nicht damit zu vereinbaren sind.

> Er nimmt das Kuscheltier namens Valentin und wirft es auf den Boden: *„den mag ich nicht so gern, (...) weil der immer*

> *Quatsch macht."* Weil dieser sich auf den Tisch setzt, auf den Löwerich (sein Lieblingskuscheltier) setzt und sich auf ihn setzt. Bei der Frage, wie das Kuscheltier dies mache, wird seine Stimme ganz leise und er schaut mich mit großen Augen an: *„nachts, wenn ich sag, er soll im Bett schlafen, dann geht er heimlich raus und spielt, des merk ich sogar (...), der spielt mit meinen Autos und macht ein paar kaputt (...)* (und) *sich da oben draufsetzten* (deutet auf die Vorhangstange über seinem Bett) *und dann macht der, tut der als der Quatsch macht und dann macht der so auauauääää und macht der noch das Licht an und hängt sich da oben dran.* (Flüstert ganz leise), *weiß'de was, manchmal hätte der fast des Teil da oben runtergerissen* (an der Vorhangstange hängt ein Gegenstand) *(...)*. Das Kuscheltier Valentin tut den Ben *„(...) hauen ... mach ich jetzt auch bei dem"* (er haut das Kuscheltier) und *„(...) auf die Nase getreten bei mir"* (er tritt dem Kuscheltier auf das Gesicht und legt ihn auf sein Bett). Die Frage, warum das Kuscheltier Valentin immer so böse zu ihm ist, beantwortet er mit *„ja, weil der immer weh tut und jetzt tu ich dem weh. Und einmal hat der mich sogar, wo ich und der Robert, mein Bruder, hier zusammen geschlafen haben, hat der mich rausgeschmissen aus dem Bett."*

Hypothese 6 kann nicht bestätigt werden, denn Ben (6) ist im Hinblick auf die 14 festgelegten Objekte im vierten Stadium.

Hypothese 6.1 kann nicht bestätigt werden, da Ben sich im vierten Stadium befindet.

Hypothese 7 kann nicht bestätigt werden, denn es ist keine starke Diskrepanz zwischen den Verfahren zu erkennen.

Dennoch scheint Ben ein sehr ausgeprägtes animistisches Konzept zu haben. Die Beseelung und Belebung seiner Kuscheltiere lassen dies vermuten.

	Bau.	Pfe.	Mon.	Fah.	Fis.	Feu.	Tis.	Bac.	Aut.	Uhr	Ste.	Wol.	Vog.	Blu.
V.I	X	X	X		X								X	X
V.II		X			X								X	X
V.III	X	X			X								X	X
V.III+	X	X			X								X	X

4.5 Jasmin

Jasmin, 22 Jahre, bewerkstelligt mit hoher Konzentration und Begeisterung die Untersuchung. Gezielt antwortet sie auf die gestellten Fragen und begründet ihre Aussagen ziemlich genau.

Sehr schnell und bestimmt gibt sie ihre Urteile bezüglich der gestellten Fragen des **Verfahrens I** ab. ***Hypothese 1*** kann bestätigt werden, da Jasmin in V.I weniger animistische Tendenzen aufzeigt als in V.III und V.III+ (vgl. Tab., S. 91).

Jasmin nimmt sich für das **Verfahren II** viel Zeit, die Karten auf die verschiedenen Stapel zu sortieren. Dabei schaut sie sich jede Karte genau an und überlegt sich ihre Entscheidung sehr lange. Sie stellt keine Fragen und erläutert ihre Annahmen nicht. ***Hypothese 2*** wird bestätigt, da Jasmin nur vier von neun unlebendigen Objekten Leben zuspricht, in V.III sechs, in V.III+ sieben (vgl. Tab., S. 91). ***Hypothese 3*** siehe S. 126.

Jasmin meistert das **Verfahren III** ohne große Probleme. Sie antwortet überzeugt und schnell auf die gestellten Fragen und begründet ihre Urteile, ohne lange überlegen zu müssen. ***Hypothese 4*** kann angesichts der Resultate des V.I und V.II bestätigt werden (vgl. Tab., S. 91).

Jasmin lässt sich in das Stadienmodell Piagets eingliedern. Abgesehen von den lebendigen Objekten sind für sie alle Objekte mit Eigenbewegung und fast alle Objekte mit einer mechanischen Bewegung lebendig. Jasmin befindet sich im zweiten Stadium, somit ist ***Hypothese 4.1*** bestätigt. Die Bewegung wird mit dem Leben verbunden.

> Der Baum ist lebendig, *„weil der wächst und macht Wind und er blüht."* Der Mond, *„(…) weil der, wenn der Wind kommt und schönes Wetter war oder auch Nebel, dann wächst der."* Das Feuer, *„weil man Holz und Kohle anzündet und dann tun die Flammen zappeln oder flackern."* Der Bach, *„weil, wenn der, wenn Wasser über die Steine, dann geht's ja ganz schnell und des geht ja auch von selber."* Das Fahrrad *„(…) ist nicht lebendig, nur wenn man's benützt, dann kann's lebendig sein."* Die Uhr, *„(…) die braucht Batterie und dann ist sie lebendig (…)."* Die Wolke, *„(…) die wird (zwar) vom Wind getrieben"*, dennoch ist sie lebendig, da sie sich bewegt. Unlebendig ist der Tisch, denn *„der hat ja nur vier Beine und steht den ganzen Tag (…) auf dem Boden (…), da kann man nichts machen außer draufsitzen, Sachen draufstellen und rumtragen, aber des macht gar nichts. Des ist ganz stur, ganz ganz alleine steht er da ohne Hilfe."* Das Auto ist nicht lebendig, denn *„sich selber kann's ja nicht hören oder spüren oder so (…)."* Der Stein, denn *„ein Stein ist wie tot, der bleibt nur liegen, wenn man ihn nicht aufhebt."*

Verfahren III+ verläuft ohne Probleme, denn Jasmin lässt sich sehr gut auf ein weiterführendes Gespräch ein. Sie ist sehr konzentriert, versucht ihre Aussagen sehr genau zu begründen und verständlich zu machen. Jasmin revidiert keine ihrer Lebendigkeitszuschreibungen der Objekte des V.III. Abgesehen von den Objekten „Stein" und „Tisch" werden alle anderen von den 14 festgelegten Objekten als lebendig angesehen. Weitere unlebendige Objekte, welche als lebendig angesehen werden, können aufgezeigt werden. ***Hypothese* 5** kann bestätigt werden, denn Jasmin lässt sich in das zweite Stadium eingliedern. Obwohl die Nützlichkeit der Objekte bei Jasmin sehr beachtet wird, ist davon abzusehen, sie dem ersten Stadium zuzuordnen, da der Gedanke einer Finalität in ihren Antworten nicht stark ausgeprägt ist und sie den Objekten „Stein" und „Tisch" keine Lebendigkeit zuspricht.

> Der Baum ist lebendig, *„weil er wächst und der macht Wind und er blüht."* „O.k., wie macht der Wind?" *„Der Wind kommt, wenn er sich bewegt."* „(...) und bewegt der sich dann von alleine oder bewegt der Wind den?" *„... Hm, glaub, der bewegt sich von alleine."* Der Mond ist lebendig, *„(...) weil der, wenn der Wind kommt und schönes Wetter oder auch Nebel, dann wächst der." „Dann wird der dicker und immer dicker, bis er ganz rund ist und dann schrumpft der wieder ein."* „Und wie schrumpft der?" *(...) „vielleicht mit den Wolken...."* „Mhm." *„Wenn die vorbeifliegen..., und wenn die Sonne wieder weggeht..., wenn die Sonne kommt am Tag, dann wird er vielleicht dicker und ganz warm und wenn dann nicht die Sonne da war und der Nebel kommt und dann schrumpft er, weil, weil er wieder Wärme braucht und weil er Wärme braucht, dann fliegt er, wird er groß und wenn er keine Wärme hat, dann schrumpft er." „Der zieht sich zusammen, als wär's ihm kalt."* Die Sonne ist für Jasmin auch lebendig, denn *„(...) die macht ja alles, dass es wächst."* Das Fahrrad *„(...) ist nicht lebendig, nur wenn man's benützt, dann kann's lebendig sein."* „Mhm, wie kann des dann lebendig sein?" *„Wenn man halt, wenn der Mensch sie treten, rollen, mit den Füßen."* „Aha..., also wie meinst du des, (...) wenn der Mensch des auch will?" *„Wenn man da drauf sitzt und tretet, dann geht es immer schneller und immer schneller und dann kommt man vorwärts und dann ist es auch lebendig."* Jasmin verbindet die Lebendigkeit mit der Schnelligkeit der Bewegung. Somit ist das Fahrrad *„nicht so arg"* lebendig, wenn man es schieben würde, aber wenn man ganz schnell fahren würde, *„dann ist es ganz arg lebendig, dann ist es schnell, ganz schnell."* Das Dreirad aber ist *„(...) nicht so arg* (leben-

dig), *weil des is ja ganz langsam."* Im Gegensatz zum Skateboard sind die Inliner *„sehr lebendig, weil da kann man ja auch ganz schnell fahren."* Jasmin differenziert ihre Aussage sehr schön, denn diese Objekte sind *„nützlich"* und *„wenn ein Mensch sie benützt, dann sind sie lebendig, aber sonst* (nicht), *dann stehen sie ja nur im Schrank oder sind irgendwo allein."* Das Auto, *„des ist sehr lebendig, des, des ist aber auch wie bei den Inlinern, weil'n Auto kann man ja auch fahren, des macht dann auch der Mensch, ohne Auto, ohne ohne Mensch kann's ja nicht fahren."* Bewegung und Leben sind für Jasmin gleichbedeutend. Lebendig ist ein Objekt dann, wenn man es bewegt oder wenn es sich von alleine bewegen kann, wie das Feuer. Das Feuer ist für Jasmin zwar kein Lebewesen, aber es ist lebendig, *„weil man Holz und Kohle anzündet und dann tun die Flammen zappeln oder flackern." „(...) wenn man Holz rein tut, dann kommen immer mehr Flammen hoch."* Auch der Bach ist lebendig, aber kein Lebewesen *„ja, weil der merkt ja nicht, wenn man ihn haut, wenn man ihn spritzt oder wenn man reindappt, des merkt er nicht, des ist, des merkt, des ist die Natur (...)." „Für die Menschen ist* (der Bach) *lebendig, weil wenn man da hinguckt und es rauscht ganz schnell und man kann das fühlen, Menschen, Wasser spielen und so, dann ist es lebendig."* Eine Uhr braucht eine Batterie, um lebendig zu sein, nur *„dann ist sie lebendig, weil dann kann sie von alleine laufen."* Diejenigen Objekte, die nicht Sitz einer Bewegung sein können, sind für Jasmin nicht lebendig, wie der Tisch oder der Stein, denn *„ein Stein ist wie tot, der bleibt nur liegen, wenn man ihn nicht aufhebt."* „Und wenn man ihn aufhebt?" *„Dann ist er nicht lebendig, des ist ja wie, wie tot, da hat man nichts auf der Hand, des ist nur schwer, aber der hat ja kein Kopf und der ist ja immer ganz allein."*

Alle lebendigen Objekte, Tiere, Pflanzen und auch Objekte mit Eigenbewegung und mechanischer Bewegung werden von Jasmin mit Bewusstsein ausgestattet. Aufgrund der Nichtunterscheidung zwischen Eigenbewegung und mechanischer Bewegung bzw. der Belebung der Objekte durch den Menschen sind Jasmins Aussagen dem zweiten Stadium zuzuordnen. ***Hypothese 5.1*** kann bestätigt werden.

Der Baum spürt, *„wenn man ihm weh tut (...)"* und wenn man ihn streichelt. „Weiß der Baum (...), dass du auf dem draufsitzt?" *„Ja, wenn die Rinde weggeht."* „Und wenn du ein Blatt abreißt?" *„das mag er auch nicht, dann verletzt man ihn, wie wenn man ihn zwickt oder wenn man ihn kratzt."* Das Auto *„(...)*

kann spüren, wenn des Benzin leer ist z.B. oder des Gas nicht anspringt, dann weiß es, es kann nicht fahren, aber des weiß dann auch der Mensch, (…) wenn Benzin nicht da ist, dann merkt er, dann will er nicht mehr weiterfahren, weil ohne Benzin da kann man nicht fahren." „Ja?" *„Und des merkt dann des selber des Auto und macht dann hoch und bleibt stehen."* Das Auto kann auch die Wetterbedingungen spüren, denn wenn es draußen ganz nass ist, *„dann ist die Straße ganz rutschig, und wenn Schnee ist, ist es auch ganz rutschig, des merkt des dann…, dann geht's nicht so schnell zu fahren, wie wenn man schönes Wetter hat."* „Und merkt, also merken das diejenigen, die im Auto sitzen, oder merkt des das ganze Auto? *„Nur wenn man 'n Schlüssel reinsteckt…."* „Ah, o.k., wenn es an ist." *„Ja, wenn man umdreht."* „Und wenn es aus ist, dann merkt des Auto nichts?" *„Dann is es wieder ganz alleine, dann steigt man aus und dann ist es ohne Mensch und ohne Mensch kann man nichts mit dem Auto anfangen."* „Mhm." *„Der Schlüssel ist die Hauptperson, da muss man, wegen dem Schlüssel, ohne dem Schlüssel kann man nicht fahren."* Die Wolke spürt den Wind, denn *„sonst kann sie ja nicht weiterfliegen."* Andersherum weiß auch der Wind, dass er die Wolken bläst, „und wenn dann da so ne dicke schwere große Wolke ist, glaubst de, des ist anstrengend für den?" *„denk schon, der Wind ist ja ziemlich stark, der reißt auch alle Bäume raus, wenn's arg stürmt und so…."* Wenn man eine Blume abpflückt, *„(…) das verletzt sie (…)." „(…) wenn man sie abpflückt, dann kommt immer so Saft raus und des heißt, dass die weint gleich oder dass sie, dass sie noch wachsen muss."* Der Stein merkt *„(…) gar nichts, des ist nur ein Stein, der hat kein Kopf, keine Ohren…."* „Wissen die Steine, dass sie neben anderen Steinen liegen?" *„Die merken des nicht, des ist wie tot, die merken gar nichts, wie der Tisch, der merkt auch gar nichts."*

Hypothese 6 kann nicht bestätigt werden. Jasmin (22) befindet sich im zweiten Stadium. Angemerkt werden muss hierbei, dass es sich bei dieser Versuchsperson um einen Menschen mit geistiger Behinderung handelt.

Hypothese 6.1 wird nicht bestätigt, Jasmin befindet sich im zweiten Stadium.

Hypothese 7 wird bestätigt, denn es kann kein innerer Zusammenhang zwischen den V.I, V.II und V.III, V.III+ verzeichnet werden.

Einen Einblick in das Verständnis, die Anschauung und die Eigenschaften von lebendigen und unlebendigen Objekten konnten weder in V.I noch in V.II und nur annähernd in V.III erzielt werden.

Jasmins genaue Differenzierung zwischen Lebewesen, welche lebendig sind, etwas fühlen und spüren können, und lebendigen Objekten, die nur dann lebendig sind, wenn sie sich bewegen (Wolke, Wind) oder wenn man sie selbst bewegt (Auto, Fahrrad), konnten nur durch V.III+ aufgedeckt werden.

	Bau.	Pfe.	Mon.	Fah.	Fis.	Feu.	Tis.	Bac.	Aut.	Uhr	Ste.	Wol.	Vog.	Blu.
V.I	X	X	X		X	X		X					X	X
V.II	X	X	X		X	X		X				X	X	X
V.III	X	X	X	X	X	X		X		X		X	X	X
V.III+	X	X	X	X		X		X	X	X		X	X	X

4.6 Isabel

Isabel, 13 Jahre, ist sehr aufmerksam und versucht, auf die Fragen korrekt zu antworten. Generell ist sie sich sehr unsicher und hin- und hergerissen, ob sie Objekten eine Lebendigkeit oder Unlebendigkeit zuschreiben soll, d.h., sie zweifelt die Richtigkeit ihrer Urteile und Begründungen an. Trotzdem versucht sie, nicht konform zu antworten, sondern drückt ihre Ambivalenz durch häufiges Lachen, Gestik (z.B. Schulterzucken), Mimik (fragender Blick) und durch verbale Äußerungen aus.

Während des **Verfahrens I** ist Isabel bei einigen Objekten sehr zögerlich, wie sie ihr Urteil fällen soll. Sie überlegt lange und benötigt viel Zeit für dieses Verfahren. ***Hypothese 1*** kann bestätigt werden, wenn man von den Objekten absieht, welchen sie weder eine Lebendigkeit zu- noch abspricht. Von neun unlebendigen Objekten spricht Isabel in V.I zwei Leben zu (Bach, Wolke). In V.III und V.III+ treten drei animistische „Fehler" auf (Mond, Feuer, Wolke) (vgl. Tab., S. 94). Betrachtet man die Objekte, die unbestimmt bleiben, so werden in V.I vier unlebendige Objekte benannt, in V.III und V.III+ eines.

Isabel kommentiert in **Verfahren II** sehr oft ihre Entscheidung, aber nicht durch eine Begründung, sondern durch Aussagen wie *„ich weiß es nicht, ich tu es einfach mal auf den Stapel, keine Ahnung etc."* ***Hypothese 2*** kann bestätigt werden, obwohl sich Isabel im Allgemeinen sehr unsicher ist. Zwei unlebendigen Objekten wird eine Lebendigkeit zugesprochen (Bach, Wolke). In V.III und V.III+ treten drei animistische Antworten auf (Mond, Feuer, Wolke), das Objekt „Bach" bleibt unbestimmt (vgl. Tab., S. 94). ***Hypothese 3***, siehe S. 126.

Während des **Verfahrens III** antwortet Isabel schnell und gezielt auf die Fragen und kann, ohne länger zu überlegen, ihre Begründungen für ihre Urteile abgeben. Das Objekt „Bach" bleibt hierbei weiterhin unbestimmt und eine Begründung kann nicht gegeben werden. ***Hypothese* 4** kann infolge der Resultate der V.I und V.II bestätigt werden (vgl. Tab., S. 94).

Isabel lässt sich dem dritten Stadium zuordnen, denn außer dem Objekt „Bach" werden alle lebendigen Objekte und die Objekte mit einer Eigenbewegung als lebendig eingestuft und folglich ist ***Hypothese 4.1*** bestätigt.

> Der Baum ist lebendig, *„weil er auch sterben kann."* Das Feuer, *„weil des doch von Holz angezündet werden kann, des bewegt sich doch."* Die Wolke, *„weil sie sich bewegen kann."* Der Vogel, *„weil er fliegen kann und ein Herz hat."* Das Fahrrad ist nicht lebendig, *„(...) weil man es selbst gebaut hat"*, so auch das Auto, *„weil man es selber erschaffen hat"* und die Uhr *„(...) muss ja auch angetrieben werden mit einer Batterie."*

Isabel kann sich in **Verfahren III+** gut auf das weiterführende Gespräch einlassen. Obwohl sie teilweise Schwierigkeiten damit hat, versucht sie, ihre Aussagen zu begründen. Dass sie sich noch nie Gedanken über das Konzept „Leben" gemacht hat, zeichnet sich in V.I und V.II ab und tritt in V.III+ in den Vordergrund. ***Hypothese* 5** wird bestätigt, denn Isabel revidiert keine ihrer in V.III getroffenen Lebendigkeitszuschreibungen und ist deshalb in V.III+ auch dem dritten Stadium zuzuordnen.

> Der Baum ist lebendig, weil *„(...) er kann, wie sagt man dazu? Ähm... alt werden und kaputt gehen oder krank werden."* Der Mond ist lebendig, *„weil er sich doch bewegt, oder?"* „Mhm." *„Und weil er sich umändern kann und so."* Sie kann sich nicht wirklich vorstellen, wie der Mond sich verändert. Im fortlaufenden Gespräch hat sie viele Ansichten über die Eigenschaft des Mondes; er ist so leicht, deshalb fällt er nicht vom Himmel, er ist ein Magnet usw. Einmal wirft sie laut einen Einfall ein: *„ah ne, ich glaub, ich weiß, warum der Mond so ist, wahrscheinlich wandelt sich die Sonne in den Mond um."*

Isabel lässt sich dem zweiten Stadium zuordnen, da sie nicht nur eigenbewegten Objekten, sondern auch Objekten mit mechanischer Bewegung und dem Objekt „Stein" ein Bewusstsein zuerkennt. Da sie sich aber nicht sicher über das Bewusstsein eines Steines ist und sie dem Tisch, welcher derselben Kategorie angehört, kein Bewusstsein zuspricht, ist davon abzusehen, sie dem ersten Stadium zuzuweisen und ***Hypothese 5.1*** wird bestätigt.

> Die Blume spürt, wenn man sie pflückt, der Baum spürt, wenn man ihm über die Rinde streicht, *„(…) weil es ja sein, seine Haut ist so, die ihn auch ein bisschen schützt (…).“* Weiterhin kann sie sich vorstellen, dass der Baum es wissen kann, wenn man auf ihn hoch klettert. Das Auto ist nicht lebendig, *„weil man es selber erschaffen hat (…), weil man mit fahren muss (…). Man muss es steuern“*, aber das Auto kann spüren, wenn jemand drin sitzt und es fährt, denn *„sonst fährt's ja eigentlich nicht“* und das Auto spürt das, *„(…) weil man den Motor anmacht, dann merkt der des doch (…) wenn er es gar nicht spüren würde, dann wär des ja gar nicht am Motor gar nicht angegangen (…)*. Steine sind zwar nicht lebendig, *„weil sie sich nicht bewegen können, gar nichts, einfach nur rumliegen und faulenzen“*, aber sie ist sich unsicher, ob Steine spüren können, dass sie sich aneinander reiben, und ob sie spüren können, dass man sie über das Wasser hüpfen lässt. Die Wolke ist lebendig, *„weil sie sich bewegen kann.“* Gleichzeitig stellt sie sich dann aber die Frage, ob die Wolke vom Wind getrieben wird; nichtsdestotrotz kann die Wolke spüren, dass sie vom Wind getrieben wird.

Hypothese 6 kann nicht bestätigt werden. Isabel (13) befindet sich bezüglich des Begriffes „Leben“ im dritten Stadium.

Hypothese 6.1 wird nicht bestätigt, Isabel befindet sich im zweiten Stadium.

Zwischen den V.I, V.II und V.III, V.III+ ist kein größerer Zusammenhang zu erkennen, da die gegebenen Antworten nicht deckungsgleich sind. Somit wurde ***Hypothese 7*** bestätigt.

Die Vorstellungen bezüglich der Objekte „Mond“ und „Feuer“ kamen in V.III+ zum Vorschein, deren Lebendigkeit sie in V.I anzweifelte, die ihnen in V.II jedoch aberkannt wurden. Da in V.I vier unlebendige Objekte unbestimmt bleiben, ist die Mangelhaftigkeit dieses Verfahrens anzumerken. Die Zu- oder Aberkennung des Lebens bezüglich der Objekte „Mond“, „Feuer“, „Auto“ und „Uhr“ des V.I und die Unsicherheit hinsichtlich des Objektes „Bach“ konnte durch das V.III+ aufgezeigt werden.

	Bau.	Pfe.	Mon.	Fah.	Fis.	Feu.	Tis.	Bac.	Aut.	Uhr	Ste.	Wol.	Vog.	Blu.
V.I	X	X	?		X	?		X	?	?		X	X	X
V.II	X	X			X			X				X	X	X
V.III	X	X	X		X	X		?				X	X	X
V.III+	X	X	X		X	X		?				X	X	X

4.7 Sarah

Sarah, 5 Jahre, ist zu Beginn der Untersuchung konzentriert und aufmerksam; dies lässt rapide nach. Die Fragen langweilen sie. Des Öfteren versucht sie, das Thema zu wechseln bzw. die Untersuchung abzubrechen. Sie demonstriert ihren Unwillen durch Augenrollen oder Aussagen wie *„das weiß ich doch schon alles."*

Sarah versteht die Aufgabe und kann ohne Schwierigkeiten auf die Fragen des **Verfahrens I** antworten. ***Hypothese 1*** kann, bezogen auf die 14 festgelegten Objekte, nicht bestätigt werden, da Sarah ausschließlich den Tieren eine Lebendigkeit zuschreibt (vgl. Tab., S. 96).

Sehr schnell sortiert Sarah die Objektkarten auf die verschiedenen Stapel des **Verfahrens II**. Teilweise begründet sie ihre Entscheidungen. ***Hypothese 2*** kann für die 14 festgelegten Objekte nicht bestätigt werden. Sie spricht nur den Tieren eine Lebendigkeit zu. ***Hypothese 3*** siehe S. 126.

Schnell und ohne länger überlegen zu müssen antwortet Sarah, teils recht schnippisch, auf die Fragen des **Verfahrens III** und begründet ihre Antworten kurz und knapp. Die Untersuchung fängt an, ihr lästig zu werden. ***Hypothese 4*** kann aufgrund der Ergebnisse des V.I und V.II nicht bestätigt werden (vgl. Tab., S. 96). ***Hypothese 4.1*** kann bestätigt werden, Sarah lässt sich in das vierte Stadium eingliedern, denn sie spricht nur den Tieren eine Lebendigkeit zu.

> Der Fisch ist lebendig, *„(...) weil er schwimmen kann im Wasser."* Der Vogel, *„weil er fliegen kann."* Der Baum ist *„auf keinen Fall lebendig, (...) weil es ein Baum ist und weil er Früchte hat manchmal (...)."* Der Mond ist *„auf keinen Fall* (lebendig), *weil der..., weil er hell ist (...)."* Das Fahrrad ist nicht lebendig, *„weil es fahren kann"*, so auch das Auto. Das Feuer ist nicht lebendig, *„(...) weil es flackert."* Die Wolke *„(...) ist leider nicht lebendig, weil sie schwebt."* Die Blume ist nicht lebendig, *„weil se ne Blume ist und weil man se pflücken kann."*

Sarah möchte sich nicht wirklich auf ein weiterführendes Gespräch des **Verfahrens III+** einlassen. Die Fragen nerven sie; dies verdeutlicht sie durch Gestik und Mimik wie Augenrollen oder demonstrativ aus dem Fenster schauen. Sie vermittelt das Gefühl und äußert es auch verbal, dass sie schon alles weiß und dass diese Aufgaben solche für kleine Kinder sind. Sie hat keine allzu große Lust und sie möchte sich lieber anderen Dingen widmen und mir etwas auf ihrer neuen Flöte vorspielen. ***Hypothese* 5** kann bestätigt werden, da Sarah, bezogen auf die 14 festgelegten Objekte, keine animistische Tendenz aufzeigt. Ihre Antworten lassen sich dem vierten Stadium zuordnen, da sie keine der zuvor attributierten Lebendigkeitszuschreibungen revidiert. Abgesehen davon hat sie aber eine interessante Vorstellung darüber, was sich in ihrem Herzen befindet.

> Alles, *„was hell macht"*, ist für Sarah nicht lebendig, so auch der Mond, die Sonne und das Feuer, *„außer des Lichtchen im Herzen."* Dieses Lichtchen befindet sich *„direkt in der Mitte"* und es leuchtet immer *„für die Arbeiter"*, welche *„(…) sagen…, die sagen tun…, die Stimme zum Gehirn bringen (…)."* Diese Arbeiter befinden sich im Gehirn und *„(…) die tun des, dass wir sagen können, dass wir laufen können, dass wir alles mögliche machen können."* Diese Arbeiter *„(…) heißen einfach Sarah, weil ich ja Sarah heiß. Manche heißen auch Chia* (zweiter Name) *oder Sarah oder Bierst.* (Nachname)." Das Lichtchen ist dafür da, *„(…) damit die sehen können und lesen können"* und sie lesen *„die Sachen, die ich sagen soll."*

Diese Vorstellung kann mit dem animistischen Konzept sensu Piaget nicht in Zusammenhang gebracht werden, zeigt aber eine kindliche Vorstellung darüber, wie Willensimpulse umgesetzt werden.

Aufgrund der Schwierigkeit, das Interview durchzuführen, konnten nur sehr geringe Vorstellungen über das Bewusstsein erörtert werden. Aufgrund der offensichtlichen Ablehnung des Gespräches können nur diejenigen Objekte bedacht werden, zu welchen sie eine Aussage bezüglich des Bewusstseins getroffen hat. Demnach wird ***Hypothese 5.1*** eingeschränkt bestätigt. Sarahs Aussagen lassen sich dem vierten Stadium zuordnen.

> Der Baum kann *„(…) auf gar keinen Fall (…)"* spüren, wenn seine Blätter abfallen, denn *„(…) des ist doch ein Baum…, ähm…, und kein Mensch, der was runterwirft (lacht)."* Das Fahrrad kann nicht spüren, wenn man auf ihm sitzt, der Bach weiß nicht, wenn etwas auf ihm treibt, die Uhr kann nicht

wissen, wie viel Uhr es ist, der Stein kann nicht wissen, dass er nass ist, denn er kann nicht denken.

Hypothese 6 wird nicht bestätigt. Sarahs (5) Konzepte bezüglich des Begriffes „Leben" sind dem vierten Stadium zuzuordnen.

Hypothese 6.1 wird nicht bestätigt, sie befindet sich im vierten Stadium.

Hypothese 7 kann nicht bestätigt werden, denn die Antworten der Verfahren sind analog zueinander.

	Bau.	Pfe.	Mon.	Fah.	Fis.	Feu.	Tis.	Bac.	Aut.	Uhr	Ste.	Wol.	Vog.	Blu.
V.I		X			X								X	
V.II		X			X								X	
V.III		X			X								X	
V.III+		X			X								X	

4.8 Leon

Leon, 8 Jahre, ist sehr aufmerksam und interessiert. Ihm fällt es nicht schwer, sich auf die Untersuchung einzulassen und seine Annahmen zu verbalisieren. Dennoch ist er sehr verhalten, schüchtern und seine Ausführungen begrenzen sich auf ein Minimum. Während der gesamten Untersuchung umspielt ein verschmitztes Lächeln seinen Mund.

Ohne länger zu überlegen antwortet Leon auf die gestellten Fragen des **Verfahrens I**. ***Hypothese 1*** kann nicht bestätigt werden, da Leon in V.I dem Bach Leben zuspricht und sich über die Lebendigkeit des Feuers unsicher ist. In V.III und V.III+ wird keinen unlebendigen Objekten Leben zugesprochen (vgl. Tab., S. 98).

Sehr schnell sortiert Leon die Objektkarten des **Verfahrens II** auf die verschiedenen Stapel. Er kommentiert seine Entscheidungen nicht. ***Hypothese 2*** kann nicht bestätigt, werden, da die Ergebnisse, bezogen auf die Zuschreibung von Lebendigkeit auf unlebendige Objekte, in V.II, V.III und V.III+ analog sind (vgl. Tab., S. 98). ***Hypothese 3***, siehe S. 126.

Während des **Verfahrens III** äußert Leon durchdacht, aber etwas verhalten seine Urteile und die darauffolgenden Begründungen. ***Hypothese 4*** kann, bezogen auf die Resultate des V.I und V.II, nicht bestätigt werden (vgl. Tab., S. 98).

Hypothese 4.1 kann bestätigt werden, denn Leon lässt sich in das vierte Stadium eingliedern. Er spricht nur den Tieren und Pflanzen

Lebendigkeit zu, allen anderen, unlebendigen Objekten wird eine Lebendigkeit abgesprochen.

> Bäume sind lebendig, *„(…) weil die ja wachsen können und ähm die Blätter, die können auch wachsen"*, der Fisch, *„weil er schwimmen kann"*, die Blume, *„weil die ähm (…) wachsen kann und (…) Blätter machen kann und sonst säh's ja komisch aus, wenn die keine Blätter hätten."* Der Mond ist nicht lebendig, *„weil der ja nicht rumlaufen kann"*, das Fahrrad nicht, *„weil des keine Beine hat"*, das Feuer nicht, *„(…) weil des, des angemacht werden muss und des ähm, ähm, läuft jetzt da so rum und brennt alle Sachen an"*, der Bach nicht, *„weil er fließt"*, das Auto nicht, *„(…) weil's nicht laufen kann"*, der Stein nicht, *„weil der manchmal rund ist und der kann, der hat ja keine Beine und Arme"*, die Wolke nicht, *„äh, weil des (…) an einer Stelle bleibt, nur wenn der Wind kommt, dann pustet er die Wolke weg."*

Auf das **Verfahren III+** kann sich Leon gut einlassen, dennoch beziehen sich seine Begründungen stark auf das zu befragende Objekt, d.h., alle Anregungen, weitere eigene Vorstellungen oder Erlebnisse in das Gespräch zu integrieren, werden nicht aufgenommen. Sein Konzept über die abgefragten Objekte scheint schon klar vordefiniert zu sein. ***Hypothese 5*** kann bestätigt werden, denn Leon revidiert keine seiner Lebendigkeitszuschreibungen oder Aberkennungen des V.III. Somit sind seine Antworten in das vierte Stadium einzustufen. Zwei seiner Aussagen deuten meines Erachtens auf eine vormals animistische Haltung hin, aber Leon kann schon zwischen einer Eigenbewegung und einer mechanischen Bewegung unterscheiden.

> Das Fahrrad ist nicht lebendig, *„weil des keine Beine hat."* „Und wenn du dich auf dein Fahrrad setzt und mit dem fährst…, dann, spürt des des?" *„Neee."* … Und wenn des Fahrrad fährt, ist es dann lebendig?" *„Kann man sagen ja, schon."* „Ja?" *„Lebendig ist es sicher nicht, aber wenn man damit fährt, dann kann man's lebendigen."* „Mhm." *„Weil es sich dann dreht."* Die Uhr ist nicht lebendig, *„(…) weil man die ja nur an einer Stelle macht, hinmachen kann und die läuft ja dann nicht weg (lacht)."* „Mhm… (lacht) die kann nicht weglaufen… und der Zeiger? *„Der bewegt sich."* „Mhm… und ist der Zeiger, ist der dann lebendig oder nicht lebendig?" .*"..* *könnte man dann schon denken…, dass der Zeiger lebendig ist."* „Nur denken oder ist das dann in Wirklichkeit so?" *„Ne…."*

Hypothese 5.1 kann bestätigt werden, denn Leon spricht nur den lebendigen Objekten ein Bewusstsein zu und ist demnach in das vierte Stadium einzustufen.

> Der Baum kann zwar nicht wissen, wenn man an ihm hoch klettert, aber er kann spüren, wenn man ein Stück seiner Rinde entfernt, *„weil des ist ja so n Schutz (..).“* Auch die Blume ist lebendig und sie kann spüren, wenn man sie pflückt, denn *„(…) des tut der dann schon weh.“* Die Wolke kann nicht spüren, dass sie vom Wind vorangetrieben wird, *„weil die aus Wasserdampf ist und nicht echt ist. Wenn man da drauf steht, dann plumpst man ja runter (lacht).“* Das Auto spürt den Regen nicht und auch nicht den Motor, wenn man ihn anmacht, denn *„des ist ja gar nicht lebendig.“*

Hypothese 6 kann nicht bestätigt werden, denn Leon (8) befindet sich im vierten Stadium.

Hypothese 6.1 wird nicht bestätigt, da die Antworten dem vierten Stadium zuzuordnen sind.

Hypothese 7 kann nicht bestätigt werden, da keine starke Diskrepanz zwischen den Verfahren besteht.

V.I rief einen animistischen „Fehler“ (Bach) hervor und Zweifel über die Lebendigkeit des Feuers. Eine Analogie zwischen den Antworten der Verfahren besteht zwischen V.II, V.III und V.III+, was nicht verwunderlich ist, da Leons Aussagen dem vierten Stadium zuzuordnen sind.

	Bau.	Pfe.	Mon.	Fah.	Fis.	Feu.	Tis.	Bac.	Aut.	Uhr	Ste.	Wol.	Vog.	Blu.
V.I	X	X			X	?		X					X	X
V.II	X	X			X								X	X
V.III	X	X			X								X	X
V.III+	X	X			X								X	X

4.9 Lisa

Lisa, 5 Jahre, ist unkonzentriert. Sie kann sich auf die Untersuchung nicht wirklich einlassen und es scheint, als würde sie die gesamte Befragung als eine komische Situation empfinden. Von ihr wird verlangt, auf etwas zu antworten, was sie nicht wirklich versteht, bzw. wobei sie keinen Sinn dahinter sieht. Sie sitzt während des gesamten Interviews im Schneidersitz und stützt den Kopf in die Hände, ihr Blick zeigt ein gewisses Unverständnis.

Lisa tut sich recht schwer und überlegt teilweise sehr lange, um die an sie gestellte Aufgabe des **Verfahrens I** zu lösen. ***Hypothese 1*** kann nicht bestätigt werden, da Lisa in V.I fünf unlebendigen Objekten Leben zuspricht und bezüglich der Lebendigkeit des Mondes unsicher ist, in V.III und V.III+ dagegen nur vier unlebendigen Objekten (vgl. Tab., S. 101).

Lisa braucht sehr lange, um die Sortieraufgabe des **Verfahrens II** auszuführen. Sie begründet zum Teil ihre Entscheidung. Es hat aber den Anschein, als sei sie sich bei vielen Objekten recht unsicher, ob diese lebendig sind oder irgendwelche Lebendigkeitsmerkmale besitzen. ***Hypothese 2*** kann nicht bestätigt werden, da Lisa in V.II fünf unlebendigen Objekten Leben zuspricht, in V.III und V.III+ nur vier Objekten. Zwei deanimistische „Fehler" sind zu verzeichnen, denn sie spricht weder dem Vogel noch dem Fisch eine Lebendigkeit zu (vgl. Tab., S. 101). ***Hypothese 3*** siehe S. 126.

Lisa ist sich sehr unsicher. So fallen ihre Urteile und deren Begründungen des **Verfahrens III** dementsprechend unbestimmt bzw. ohne eine richtige Erklärung aus, besonders bei den Objekten „Tier", „Blume" und „Auto." ***Hypothese 4*** kann angesichts der Ergebnisse des V.I und V.II nicht bestätigt werden (vgl. Tab., S. 101).

Obwohl Lisas Begründungen oft inhaltslos oder nur sehr kurz gefasst sind, wird denjenigen Objekten, welche nie in Bewegung sind (Stein, Tisch), eine Lebendigkeit abgesprochen. Somit sind Lisas Antworten dem zweiten Stadium zuzuordnen, da sie nicht nur eigenbewegten Objekten Leben zuspricht, sondern auch mechanisch bewegten Objekten (vgl. Tab. S. 101), und somit wird ***Hypothese 4.1*** bestätigt.

> Das Feuer ist lebendig, weil *„es ist halt lebendig, weiß ich doch nicht"*, der Bach *„weil (er) fließen kann"*, die Uhr *„ach, überleg ich einfach"*, die Wolke *„wegen, wegen Wasser."* Der Mond ist nicht lebendig, *„...weil er nicht sterben kann"*, das Fahrrad *„oh, dass weiß ich jetzt aber auch nicht"*, der Tisch, *„weil er nicht laufen kann."*

Lisa formuliert ihre Antworten und Begründungen des **Verfahrens III+** sehr kurz. Oft nickt sie nur mit dem Kopf oder beantwortet die gestellte Frage mit einem einfachen „ja" oder „nein." Es fällt ihr schwer, sich auf das Gespräch einzulassen. Sie zu einem freien Sprechen anzuregen, gelingt nur selten. Sie fühlt sich nicht wohl, sich auf die immer wiederkehrenden Fragen und Animierungen einzulassen. ***Hypothese 5*** kann bestätigt werden, da Lisa keine der in V.III zugeschriebenen Lebendigkeitsurteile bezüglich unlebendiger Objekte revidiert und somit sind Lisas Antworten dem zweiten Stadium zuzuordnen. Einige der Objekte (z.B. Fisch, Vogel, Blume, Auto, Feuer) können im weiterführenden Gespräch nicht besprochen werden, da Lisa sich nicht darauf einlässt bzw. es für die gesamte Situation nicht von Vorteil ist, ein beharrliches Fragen fortzusetzen, sondern zu einem anderen Objekt überzugehen.

Hypothese 5.1 kann bestätigt werden, denn Lisa schreibt zwar nicht allen Objekten ein Bewusstsein zu, aber alle Objekte konnten auch nicht abgefragt werden, bedingt durch die oben genannten Gründe. Sie spricht nicht nur den Objekten mit Eigenbewegung oder mechanisch verursachter Bewegung ein Bewusstsein zu, sondern auch dem Objekt „Stein" und somit sind ihre Antworten dem ersten Stadium zuzuordnen.

> Der Mond weiß, dass sie abends in ihrem Bett liegt, *„weil er im Himmel ist und alles sieht."* Somit kann er auch das Klettergerüst, die Schaukel und die Häuser sehen. Der Mond könnte es spüren, wenn man ihn anlangen könnte. Manchmal, wenn der Mond nicht rund ist, dann sieht er aus *„(...) wie ne Banane"*, das passiert, weil er sich bewegt. „Weiß dein Fahrrad, dass es jetzt grad n Platten hat?" *„Oh ja (sie antwortet sehr schnell und lacht)."* Das Fahrrad weiß auch, dass sie jetzt nicht damit fahren kann und es freut sich, wenn sie wieder damit fahren kann. Das Fahrrad spürt, wenn sie damit fährt, *„weil man da drauf hockt."* Die Uhr bzw. der Wecker weiß selbst, wie viel Uhr es ist und der *„Runter-Drücker"* spürt, wenn man ihn runter drückt. Ein Stein kann wissen, *„(...) dass er in* (ihrer) *Hosentasche war"* und er kann wissen, dass er zusammen mit Taschentüchern in ihrer Hosentasche war, denn *„da riecht's ja (...) und der wurd ganz klebrich von der Rotze (...), weil er war mit Taschentüchern, die ich vollgerotzt habe."* Die großen Steine wissen und spüren, wenn man auf ihnen herumhüpft. Eine Blume spürt, wenn man sie abpflückt, *„(...) weil sie ja dann kaputt ist, des merkt se"* und es tut ihr weh.

Hypothese 6 kann nicht bestätigt werden, Lisa (5) befindet sich im zweiten Stadium.

Hypothese 6.1 kann bestätigt werden, denn Lisas Antworten lassen sich dem ersten Stadium zuordnen.

Hypothese 7 kann bestätigt werden, da die Ergebnisse der verschiedenen Verfahren recht unterschiedlich ausfallen. Nur bei sechs von vierzehn festgelegten Objekten bleiben Lisas Antworten analog zueinander.

Anzumerken ist, dass die gesamte Untersuchung meines Erachtens einen zu hohen mentalen Anspruch an Lisa stellte.

	Bau.	Pfe.	Mon.	Fah.	Fis.	Feu.	Tis.	Bac.	Aut.	Uhr	Ste.	Wol.	Vog.	Blu.
V.I		X	?		X	X		X	X	X		X	X	
V.II		X	X	X				X		X		X		X
V.III		?			?	X		X	?	X		X	?	?
V.III+		X				X		X		X		X	/	/

4.10 Tom

Tom, 11 Jahre, ist sehr konzentriert und antwortet gerne auf die gestellten Fragen. Seine Antworten und Begründungen überlegt er sich genau. Generell macht er einen etwas schüchternen Eindruck, welcher bis zum Ende der gesamten Untersuchungseinheit bestehen bleibt.

Schnell und überzeugt antwortet Tom auf die gestellten Fragen des **Verfahrens I**. ***Hypothese 1*** kann bestätigt werden, da Tom in V.I keinem unlebendigen Objekt Leben zuspricht, hingegen in V.III und V.III+ fünf unlebendigen Objekten (vgl. Tab., S. 103).

Kommentarlos sortiert Tom die Karten auf die verschiedenen Stapel des **Verfahrens II**. Oft überlegt er sehr lange, ob er einem Objekt ein bestimmtes Lebendigkeitsmerkmal zuordnen oder aberkennen soll. ***Hypothese 2*** wird bestätigt, da Tom zwei animistische Aussagen in V.II, jedoch in V.III und V.III+ fünf animistische Aussagen geäußert hat (vgl. Tab., S. 103). ***Hypothese 3*** siehe S. 126.

Die Urteile auf die abgegebenen Begründungen erfolgen in **Verfahren III** schnell und überzeugt. Tom hat keine Schwierigkeiten, die an ihn gestellte Aufgabe auszuführen. ***Hypothese 4*** ist aufgrund der Ergebnisse von V.I und V.II bestätigt (vgl. Tab., S. 103). ***Hypothese 4.1*** wird bestätigt, denn Toms Antworten lassen sich dem dritten Stadium zuordnen, da allen lebendigen und eigenbewegten Objekten und dem Objekt „Uhr" Leben zugesprochen wird. Demnach kann er noch nicht wirklich zwischen einer mechanisch verursachten Bewegung und einer Eigenbewegung unterscheiden.

> Der Baum ist lebendig, „*weil er sich bewegen kann*", der Mond, „*weil er wandern kann am Himmel*", der Bach, „*weil er fließen kann*", die Wolke, „*weil die wandern kann*", die Uhr, „*weil die sich drehen kann.*" Das Fahrrad ist nicht lebendig, „*weil man*

des anschucksen muss", das Auto, *„weil es nicht von alleine fahren kann"*, der Stein, *„weil er sich nicht bewegen kann."*

Während des **Verfahrens III+** ist Tom zwar konzentriert, aber er antwortet nur gezielt auf die Fragen. Jegliche Animierung, in ein freies Sprechen überzuwechseln, schlägt fehl. Demnach sind seine Antworten recht kurz und viele der Fragen beantwortet er nur mit Kopfnicken, einem „Ää (nein)" oder einem einfachen „ja."

***Hypothese* 5** wird bestätigt, da Tom keine seiner Lebendigkeitszuschreibungen im weiterführenden Gespräch revidiert und somit sind seine Antworten, wie die im V.III, dem dritten Stadium zuzuteilen.

Tom spricht nur bestimmten Objekten ein Bewusstsein zu, aber nicht allen unlebendigen, nicht allen mechanisch bewegten und nicht allen eigenbewegten Objekten. Da er dem Stein auch ein Bewusstsein zuspricht, wenn man ihn werfen würde, deutet dies auf das erste Stadium hin. Da in seinen Aussagen aber keine weiteren Objekte dieser Kategorie benannt werden und keine finalistischen Annahmen zu erkennen sind, wird er dem zweiten Stadium zugeordnet. ***Hypothese* 5.1** kann bestätigt werden.

> Der Baum spürt, wenn man ihn anfasst und wenn man ihn pieksen würde, aber er kann nicht wissen, wenn man auf ihm herumklettert. Der Mond könne spüren, wenn man ihn mit einer Nadel steche und wenn man ihn streicheln würde. Der Bach spürt nicht, wenn man einen Stein in ihn hineinschmeißt, aber er weiß selbst, dass er kalt ist. Tom spricht allen Uhren, außer den Digitaluhren, eine Lebendigkeit zu. „Die Kirchturmglocke, ist die auch lebendig?" *„(Nickt)."* „Ding, ding, die läutet ja jede ¼ Stunde." *„(Nickt)."* „Und warum ist die lebendig?" *„Weil sie läuten kann, weil man es hören kann und sie sich hin- und herbewegen kann."* Der Stein wüsste nicht, wenn er sich in einer Hosentasche befindet, aber „(...) wenn du den ganz weit werfen würdest, soweit wie du kannst, meinst du, der Stein spürt, dass er fliegt?" *„Ja."*

Hypothese 6: Tom (11) ist bezüglich des Begriffes „Leben" dem dritten Stadium zuzuordnen.

***Hypothese* 6.1** wird nicht bestätigt, Tom befindet sich im zweiten Stadium.

Hypothese 7 ist bestätigt, denn zwischen den V.I, V.II und V.III, V.III+ ist kein innerer Zusammenhang bezüglich der Lebendigkeitszuschreibung von unlebendigen Objekten zu erkennen.

Die verbale Befragung zeigt ein eindeutigeres Bild bezüglich der animistischen Tendenzen im Gegensatz zur Sortieraufgabe, aber vor allem im Vergleich zu V.I, der Unterscheidung des „ja/nein"-Urteils.

	Bau.	Pfe.	Mon.	Fah.	Fis.	Feu.	Tis.	Bac.	Aut.	Uhr	Ste.	Wol.	Vol.	Blu.
V.I	X	X			X								X	X
V.II	X	X		X	X					X			X	
V.III	X	X	X		X	X		X		X		X	X	X
V.III+	X	X	X		X	X		X		X		X	X	X

4.11 Lena

Lena, 15 Jahre, ist sich sehr unsicher hinsichtlich der Zu- oder Aberkennung von Lebendigkeit und Bewusstsein der Objekte. Besonders in den verbalen V.III und V.III+ stellt sie sehr oft ihre eigenen Antworten in Frage, dabei lacht sie häufig, sowohl über die verschiedenen Möglichkeiten, wie man über bestimmte Dinge (Objekte) denken kann, als auch über sich selbst, da sie viele Dinge ihrer Meinung nach nicht weiß. Sie ist sehr redselig und versucht ihre Ansicht aufschlussreich zu verbalisieren.

Zwar kann Lena die Aufgabe des **Verfahrens I** ohne große Probleme bewältigen, dennoch ist sie sich bei einigen Objekten recht unsicher, was vor allem an ihrer Gestik und Mimik zu erkennen ist, wie fragender Blick, Schulterzucken. ***Hypothese 1*** kann bestätigt werden, da Lena in V.I keine animistischen „Fehler" macht, im Gegensatz zu V.III, in welchem sie drei unlebendigen Objekten das Leben zuerkennt und sich bezüglich eines Objektes unsicher ist. In V.III+ werden drei animistische Antworten gegeben und zwei Objekte bleiben unbestimmt (vgl. Tab., S. 106)

Lena setzt sich gewissenhaft mit der an sie gestellten Aufgabe des **Verfahrens II** auseinander. Des Öfteren kommentiert sie die Zuschreibung der Lebendigkeitsmerkmale. ***Hypothese 2*** wird bestätigt, da Lena nur einem unlebendigen Objekt Leben zuspricht, in V.III werden drei animistische Aussagen getroffen und ein Objekt bleibt unbestimmt, in V.III+ werden drei unlebendige Objekte als lebendig eingestuft und zwei Objekte bleiben unbestimmt (vgl. Tab., S. 106). ***Hypothese 3*** siehe S. 126.

Lena begründet ihre Urteile des **Verfahrens III** konzentriert und überlegt. ***Hypothese 4*** kann aufgrund der Ergebnisse des V.I und V.II bestätigt werden (vgl. Tab., S. 106). Es ist möglich, Lenas Antworten in das Stadienmodell einzugliedern, da sie nur den mechanisch bewegten und den nie in Bewegung stehenden Objekten die Lebendigkeit aberkennt. Insofern befindet sich Lena im dritten Stadium und ***Hypothese 4.1*** ist bestätigt.

> Der Baum ist lebendig, *„(...) weil der Baum kann noch wachsen und die Blätter kommen und im Winter gehen sie wieder, verlieren und kriegen wieder Blätter (...)"*, der Mond ist lebendig, *„(...) weil immerhin geht er ja von alleine hoch (...) und dann geht er ja wieder runter"*, das Feuer, denn *„(...) wenn's an isch, dann lebt halt des Feuer, (...) wenn du mehr Holz dazu tusch, dann wird die Flamme auch wieder größer."* Das Fahrrad ist nicht lebendig, *„(...) weil ich mein, des wächst nicht (...)"*, der Tisch ist nicht lebendig, denn *„(...) der steht doch da nur"*, der Stein nicht, denn *„(...) er bleibt ja meistens auf einer Stelle (...) außer man tut, 'n Mensch nimmt 'n Stein und wirft den (...)."*

Das weiterführende Gespräch mit Lena des **Verfahrens III+** verläuft sehr angeregt. Ihre Ansichten kann sie klar verbalisieren, obwohl diese teilweise sehr ambivalent sind. Anders als in V.III, bei welchem sie den unlebendigen Objekten „Mond", „Feuer", „Bach" Leben zuspricht und die Wolke unbestimmt bleibt, verändert sich durch das weiterführende Gespräch ihre Annahme, denn der Mond bleibt unbestimmt und mechanisch bewegten Objekten wird eine Möglichkeit der Lebendigkeit zuerkannt, wenn sie in Bewegung sind. ***Hypothese 5*** kann bestätigt werden, denn Lenas Antworten sind dem zweiten Stadium zuzuordnen, denn es existiert keine klare Unterscheidung zwischen autonomer und mechanischer Bewegung. Sie ist sich zwar nicht sicher, ob ein Auto wirklich lebt, denn *„(...) einerseits musch halt viel machen, du musch ja dann extra Gas geben und so, damit's fährt, aber ja..., keine Ahnung"*, aber da Lena die gleiche Vorstellung auch bezüglich eines Flugzeuges und Rollers hat und ihre Vorstellung mit der Auffassung bezüglich des Feuers vergleicht, *„(...) wenn's nicht brennt, kann's ja nicht lebendig sein (...), aber wenn's an isch, dann lebt halt des Feuer, weil (...) dann wird die Flamme (..) größer"*, ist davon auszugehen, dass sie sich im zweiten Stadium befindet.

> „Ist der Mond lebendig oder nicht lebendig?" *„Ähm ja, hm..., einerseits könnt's sein, weil immerhin geht er ja von alleine hoch, steigt er... hoch und einerseits ja..., und dann geht er ja wieder*

> *runter. Also, der müsste schon lebendig sein.*" „Ähm… warum müsste der lebendig sein, weil der des kann (…)?" *„Ja, aber von alleine geht des ja irgendwie nicht… ich mein ja…, keine Ahnung* (lacht) *ich weiß es echt nicht, des ist echt schwierig.*" Eine ähnliche Unsicherheit zeigt sie bezüglich der Lebendigkeit der Sonne, *„…ja ich mein…, ich weiß es nicht…, die geht ja auch auf und unter, du siesch ja auch, wo sie aufgeht und… und keine Ahnung…, des isch echt schwierig*", und der Sterne, *„ich mein die Sterne, die sind manchmal da und manchmal nicht da (…), ich glaub, das hängt mit dem Wetter ab manchmal…, also…, ja oder einmal, wenn's nachts nebelig ist, dann siesch die Sterne auch nicht, weil grad Wolken drüberziehen…, des isch genau des gleiche wie beim Mond und bei der Sonne,* (lacht) *keine Ahnung….*" Das Feuer ist, *„wenn's nicht brennt, (dann) kann's ja nicht lebendig sein, dann siesch auch des Feuer gar nicht, aber wenn's an isch, dann lebt halt des Feuer, weil… Glut und wenn du mehr Holz dazu tusch, dann wird die Flamme auch wieder größer (…) teils so teils so (…), weil wenn des Feuer eben nicht da ist, dann ist ja kein Leben da.*" Der Tisch ist nicht lebendig, denn *„des isch Holz, wo wahrscheinlich schon, keine Ahnung, ich denk nicht, dass der lebendig isch, ich mein, der kann sich nicht bewegen…, gar nichts, der wächst ja nicht mehr, der wird ja nicht mehr größer, der bleibt so wie er isch* (lacht)". Ein Auto ist nicht lebendig, weil *„ich mein, mit dem kansch ja eigentlich nur fahren und sonst steht's ja nur, wenn du mit dem nicht fährsch, dann steht's ja eben auch nur…, ja.*" „O.K., und wenn ich dann mit dem fahr?" *„Ja dann könnt er lebendig sein, wie des Feuer, weil dann fährt's ja.*"

Obwohl Lena nur bestimmten unlebendigen Objekten in den verschiedenen Kategorien ein Bewusstsein zuschreibt, ist auffällig, dass sie keinem Objekt mit Eigenbewegung ein Bewusstsein zuspricht, aber einem Objekt mit mechanischer Bewegung und einem Objekt, welches nie in Bewegung gerät. Demnach kann ***Hypothese 5.1*** nicht bestätigt werden.

> „Kann der Baum was fühlen und zwar, wenn ich z.B. ein Stück Rinde abmach, spürt der des oder spürt der des nicht?" *„Ich weiß nicht, ich mein (…), der wird wahrscheinlich, ich weiß nicht, man weiß ja nicht, ob's ihm weh tut oder nicht.*" Ein Stein kann nichts wissen und es würde ihn auch nicht stören, wenn man ihn vom Schatten in die Sonne legen würde, aber, „(…) wenn du 'n Stein ins Feuer schmeißt z.B., spürt der Stein, dass es heiß wird? … Manchmal explodieren die dann auch (Peng)." *„Ja, ja schon…, es könnt sein, also dass so paar Steine vielleicht sogar fühlen (…).*" „Wie meinst du 'n

paar Steine?“ *„Ja, weil 'n paar die zerspringen ja nicht so extra, kleine ja überhaupt nicht.“* „Und meinst du, die spüren, wenn sie zerspringen?“ *„Ja, denke schon.“* Die *„Tankwarte“* (Tanknadel) kann wissen, wenn man das Auto auftankt, denn *„die zeigt immer an, also, die die Tankwarte, die kann wissen, wenn du kein Benzin hasch und wenn du wieder Benzin voll hasch.“* „Aber weiß des die Tanknadel oder Tankwarte dann wirklich selber?“ *„Ja oder..., ja, keine Ahnung, ich kenn mich auch nicht so direkt innerlich aus (hohe Stimme, lacht).“* Darüber, ob die Wolken irgendetwas spüren können, wie z.B. den Wind, ist sie sich unsicher, denn *„des könnte sein..., könnt sein..., ich war noch nie da oben.“*

Hypothese 6: Lena (15) lässt sich hinsichtlich des Begriffes „Leben“ dem zweiten Stadium zuordnen, demnach ist die Hypothese widerlegt.

Hypothese 6.1: Bezüglich des Begriffes „Bewusstsein“ kann keine Aussage getroffen werden, da H.5.1 nicht bestätigt werden konnte.

Hypothese 7 kann bestätigt werden, denn es ist klar zu erkennen, dass zwischen den V.I, V.II und V.III, V.III+ bezüglich der Lebendigkeitszuschreibung von unlebendigen Objekten keine Übereinstimmung existiert.

Durch V.I und V.II konnten animistische Tendenzen nicht nachgewiesen, jedoch durch V.III+ das Ausmaß des animistischen Konzeptes aufgezeigt werden.

	Bau.	Pfe.	Mon.	Fah.	Fis.	Feu.	Tis.	Bac.	Aut.	Uhr	Ste.	Wol.	Vog.	Blu.
V.I	X	X			X								X	X
V.II	X	X			X								X	X
V.III	X	X	X		X	X		X				?	X	X
V.III+	X	X	?		X	X		X	X			?	X	X

4.12 Anna

Anna, 4 Jahre, ist zu Beginn der Befragung noch recht konzentriert. Dies lässt aber sehr schnell nach. Sie kann sich nicht auf die Untersuchung einlassen und will spielen. Ihr sprachliches Vermögen ist noch begrenzt. Die Hypothesen können bei diesen vorliegenden Ergebnissen nicht beurteilt werden, da die Verfahren der gesamten Untersuchung nicht in ihrer Genauigkeit und Länge durchführbar waren. Demnach kann nur eine Beschreibung dessen erfolgen, wie das Kind mit den an es gestellten Aufgaben umgeht.

Schnell und ohne länger zu überlegen antwortet Anna auf die gestellten Fragen des **Verfahrens I**. Anna spricht allen Objekten, abgesehen von dem Auto und dem Stein, eine Lebendigkeit zu. Dieses Ergebnis wird aber nicht als animistische Tendenz gewertet, da davon ausgegangen wird, dass der Begriff „Leben" in keiner Weise verstanden wurde.

Schon nach sehr kurzer Zeit ist es nicht mehr möglich, die Kartensortieraufgabe des **Verfahrens II** auszuführen. Anna versteht die an sie gestellte Aufgabe nicht und widmet sich auch nach häufigerem Eingehen auf sie anderen Dingen. Bezüglich des Begriffes „Leben" wird allen Objekten, abgesehen von dem Objekt „Pferd", eine Lebendigkeit zugesprochen. Da Anna die Karten, abgesehen von der Lebendigkeitszuschreibung, nicht ohne Hilfe auf die verschiedenen Stapel sortieren kann, wurde das **Verfahren II** abgebrochen und verbal weitergeführt. Nach sehr kurzer Zeit wurde auch dieses aufgegeben, da Anna die Aufgabe nicht zu begreifen schien.

Auf das **Verfahren III** wurde verzichtet, da Anna nicht in der Lage war, dezidiert auf die Fragen zu antworten. Stattdessen wurde ein spielerisches Gespräch eingeleitet, welches mit dem **Verfahren III+** gleichzusetzen ist.

> „(..) und kann ein Tisch wachsen?" *„Jaaa (laut)."* „Ein Tisch?" *„(sie läuft durchs Zimmer) Jaaaa."* „Und wie kann der wachsen..., wie macht der des?" *„Der hext."* „Der hext? ..., aha." *„Der kann hexen."* "Der Tisch kann hexen?." *„Aber nur im Spiel, der kann hexen."* „Du guck mal, wenn die Sonne abends untergeht, wohin geht die dann?... weißt du des?" *„Hm..., zum Nordpol."* „Zum Nordpol? ...und was macht die da?" *„Da tut der Weihnachtsmann kommen und da kommt der jetzt gleich."* „Wer kommt da?" *„Der Weihnachtsmann."* "Ah, und der hat die Sonne dann auch, wenn die unter geht?" *„Ja."* Und weiter, „was macht der Mond, wenn der Mond abends leuchtet und in dein Zimmer rein leuchtet, weiß der, dass die Anna schläft?" *„Ja."* „Ja?" *„Ich versteck mich gleich, wenn der da rein kommt."* „Hm?" *„Gleich, wenn der schon da rein kommt."* „Versteckst du dich? (unsere Stimmen werden ganz leise)." *„Ja."* „Echt?" *„Ja."* „Warum?" *„Der soll mich sieht, beißt die mich."* „Der Mond?" *„Ja."* „Ja, hat der dich schon mal gebissen?" *„Ja."* „Echt, und wie ist der in dein Zimmer gekommen?" *„Der ist da, da, da, er kommt und da ist er hingeleuchtet, da kommt der rein."* „Mhm..., kann der des?" *„Ja."* „Echt?" *„Ja, der kann fliegen."* „Und in dein Zimmer reinfliegen?." *„Und da lacht der."* „Da lacht der?" *„Ja und beißt nicht mir wie-*

der.“ „Ää (nein), macht der nicht mehr dann?“ *„Nein.“* „Dann ist er lieb?“ *„Ja..., und der sagt, dann geh ich ganz schnell zu meiner Mama und sag ich, (sie ruft ganz laut) der Mond ist doch in mein Zimmer reingekommen und dann ist er lieb.“* „Hm..., und die Sonne?“ *„Der Sonne macht Spaziergang.“* „Macht nen Spaziergang?“ *„Ja.“* „Und wohin spaziert die?“ *„Muss ich ganz schnell versteckeln in der Sonne, wenn die untergeht.“* „Warum musst du dich da versteckeln?“ *„Wenn die mich sieht und beißt, dann muss ich mich ganz schnell versteckeln.“* „Die Sonne beißt auch?“ *„Dich beißt sie auch.“* „Mich, mich auch?“ *„Ja.“* „Mich hat sie aber noch nie gebissen.“ *„Ää? (nein).“* „Ää (nein).“ *„Ich dachte, die Sonne hat dich gebissen.“* „(lacht).“

Da Anna sowohl in V.I und V.II, abgesehen von jeweils einem Objekt, allen Objekten die Lebendigkeit zuspricht, als auch im V.I klare animistische Tendenzen zu verzeichnen sind, ist davon auszugehen, dass sie sich im ersten oder zweiten Stadium befindet. Aber aufgrund der Schwierigkeiten, welche sich bei der Durchführung der Untersuchung ergaben, kann dies nicht ausreichend belegt werden.

Obwohl Anna erst vier Jahre alt ist und in der Studie von Beveridge und Davies (1983) Kinder erst ab fünf Jahren befragt wurden, ist dennoch anzumerken, dass, obwohl das verbale Verständnis durch das V.II auf ein Minimum reduziert wurde, ein gänzliches Unverständnis bei dieser Versuchsperson herrschte. Auch bezüglich des V.I (Huang & Lee, 1945, Kinder ab 3,5 Jahren) ist festzuhalten, dass der Begriff der Lebendigkeit, nicht begriffen wurde bzw. noch nicht im Kind vorhanden zu sein schien.

4.13 Alissa

Alissa, 5 Jahre, ist eher unkonzentriert. Immer wieder muss sie an das zu besprechende Thema oder an die Aufgabe zurückgeführt werden, sowohl inhaltlich als auch räumlich. Sie spricht oft mit leicht affektierter Stimme und versucht häufig, die Untersuchung abzubrechen. Die Hypothesen 1, 2, 3 können nur im Hinblick auf V.III gewertet werden, da situationsbedingt V.III+ hinsichtlich der 14 festgelegten Objekte gänzlich unabhängig von V.III ist. Aufgrund dessen wird Hypothese 5 nicht berücksichtigt.

Ohne Probleme und ohne länger überlegen zu müssen, antwortet Alissa auf die gestellten Fragen des **Verfahrens I**. ***Hypothese 1*** kann bezüglich des eingeschränkten Vergleiches V.I - V.III bestätigt werden, da Alissa in V.I nur vier animistische Antworten trifft, in V.III hingegen sieben (vgl. Tab., S. 111).

Recht konzentriert, ohne länger zu überlegen und kommentarlos sortiert Alissa die Karten auf die verschiedenen Stapel des **Verfahrens II**. Bei zwei Objekten ist sie sich bezüglich der Lebendigkeitszuschreibung bzw. Aberkennung unsicher (Pferd, Auto). ***Hypothese 2*** kann bestätigt werden, da sie fünf unlebendigen Objekten Leben zuspricht, in V.III sieben unlebendigen Objekten. ***Hypothese 3*** siehe S. 126.

Alissa ist sich im Allgemeinen bei der Durchführung des **Verfahrens III** sehr unsicher, was sich durch Gestik und Mimik bemerkbar macht. Sie wälzt sich auf dem Boden, antwortet teils recht schnippisch und affektiert. Sie spricht zwar jedem Objekt eine Lebendigkeit oderUnlebendigkeit zu bzw. ab, kann aber nur teilweise ihr Urteil begründen. ***Hypothese 4*** kann aufgrund der Ergebnisse des V.I und V.II bestätigt werden.

Hypothese 4.1 kann bestätigt werden: Alissas Antworten lassen sich dem zweiten Stadium zuordnen, denn die Unterscheidungsfähigkeit zwischen autonomer und mechanischer Bewegung ist noch nicht vorhanden.

> Der Mond ist lebendig, weil *„weiß ich doch nicht"*, die Uhr, *„weil die kann sich bewegen"*, die Wolke, *„weil die kann nass machen"*, das Fahrrad, *„weil man mit dem fahren kann"*, das Auto, *„weil…, hm…, weiß ich doch nicht"*, der Bach, weil er *„kann fließen."* Der Tisch ist nicht lebendig, weil *„der steht nur im Zimmer"*, das Auto, weil *„das weiß ich nicht"*, der Stein, weil *„der liegt doch nur."*

Während des **Verfahrens III+** ist Alissa phasenweise konzentriert. Teilweise verläuft das Gespräch recht spielerisch. Öfters wird das Gespräch aber unterbrochen, da Alissa durch das Fenster irgendjemanden auf der Straße sieht, den sie kennt, und sie sich dadurch ablenken lässt.

Hypothese 5.1 kann bestätigt werden, denn Alissa spricht allen Objekten der verschiedenen Kategorien eine Lebendigkeit zu. Ihre Antworten lassen sich dem ersten Stadium zuordnen und zeichnen sich durch finalistische Gedanken aus.

> „(..) guck mal, die Blume hab ich abgepflückt, meinst du, die hat gespürt, dass ich sie gepflückt hab?" *„Ja, hat gespürt."* „Und warum glaubst du, hat die das gespürt?" *„Weil ein Mensch das auch spürt."* „(…) und wenn ich auf den Stein

klopfe (klopfe drauf), spürt der Stein des?" *„Ja."* „Auch, und warum spürt der des?" *„Weil man ja da drauf haut."* „Mhm, aber wenn ich sie aufeinander lege, spüren die es, dass sie aufeinander liegen?" „(nickt) *Ja."* Ein Stein weiß, dass er sich im Wasser befindet, wenn man ihn in das Wasser wirft, und das Wasser selbst spürt es auch, *„weil der Stein mitgeht, weil der Stein mitschwimmt."* Der Mond weiß, dass er scheint, und die Sonne *„(...) die sieht uns"*, aber nur, wenn sie scheint bzw. wenn keine Wolken davor sind. Das Auto ist lebendig, weil es *„fährt von alleine."* Das Auto spürt aber nicht die Straße, auf der es fährt, aber es weiß, wenn man sich in ihm befindet. *„Der Mond, der kann gucken. Hat der Augen?* (schaut auf die Postkarte)... *nein hat der gar nicht."* „Glaubst du, der richtige Mond hat Augen?" *„Ja, hat der, das hab ich schon gesehen."* "Und wo hat der die Augen?" *(lacht)...* „Hat der auch einen Mund?" *„Ja."* „Und ne Nase?" *„Ja..., he."* „Und was macht der Mond, wenn morgens die Sonne kommt?" *„Der geht runter."* „Wo runter?" *„Runter."* „Mhm..., manchmal ist der Mond ja gar nicht rund, sondern eine Sichel, also man sieht nur ein Stück von ihm." *„Ja."* „Wo ist dann der Rest?" *„Ähm..., unten."* „Unten? ... und wie kommt der wieder zusammen, dass er wieder rund ist?" *„Kleben."* „Kleben?" *(lacht)...* „Wer klebt den?" *„Er selbst...."* „Er selbst kann kleben?" *„Ne die Sonne klebt...."* „Hat die Kleber?" *„Ja..."* „Und wie macht die des dann?" *„Ne mit den Strahlen."* „Ach so..., und findet der Mond das dann gut?" *„Ähm ja."* „Mit den Strahlen klebt die?" *„Ja."* „Mhm..., und wenn die Sonne untergeht abends, wo geht die dann hin?" *„Runter."* Die Sonne ist dort aber nicht alleine im „Unten", denn *„da sind die Wolken."* „Mhm..., und was machen die Wolken da?" *„Aufpassen..."* „Auf wen?" *„Auf die Sonne (sehr bestimmt)."* „Ach so." *„Des weißt du selbst (sehr bestimmt)."* Die Wolken passen aber nicht nur auf die Sonne auf, wenn sie „Unten" ist, denn *„wenn die Sonne wieder gehen muss, dann passen, dann passen die Wolken auf den Mond auf."* „(...) Wenn du Fahrrad fährst, weiß das Fahrrad, dass du auf ihm drauf sitzt?" *„Ja... des weiß alles."* „Das Fahrrad?" *„Ja."* „Ja erzähl mir doch mal, was es alles weiß." *„Des weiß, dass die Sonne untergeht, des weiß, dass der Mond untergeht, des weiß alles."* „Mhm." *„Und des weiß, dass die Menschen im Bett liegen."* „Und weiß das Fahrrad auch, dass du Alissa heißt?" *„Ja."* „Guck mal hier, das Feuer (zeig ihr die Karte), habt ihr einen Kamin?" *„Des ist ein Mensch."* „Das Feuer?" *„(quengelig) Jaaa."* Sie möchte aber nicht erklären, warum sie glaubt, dass das Feuer ein Mensch ist, denn *„das weißt du selbst.“*

Hypothese 6: Alissa (5) befindet sich in einem ihr altersgemäßen Stadium.

Hypothese 6.1 wird bestätigt.

Hypothese 7 kann bestätigt werden, denn es ist kein innerer Zusammenhang bezüglich der animistischen Tendenzen bezogen auf die Lebendigkeitszuschreibungen von unlebendigen Objekten zu erkennen. Durch das verbale Verfahren wurden im Vergleich zu V.I und V.II mehr animistische Tendenzen aufgedeckt.

	Bau.	Pfe.	Mon.	Fah.	Fis.	Feu.	Tis.	Bac.	Aut.	Uhr	Ste.	Wol.	Vog.	Blu.
V.I	X	X	X		X			X		X		X	X	X
V.II		?	X		X			X	?	X		X	X	
V.III	X	X	X	X	X	X		X	X	X		X	X	
V.III+	/	/	/	/	/	/		/	/	/	/	/	/	/

4.14 Finn

Finn, 9 Jahre, ist sehr aufmerksam, konzentriert und sehr mitteilungsfreudig. Er präsentiert sein Wissen und versucht logisch seine Annahmen zu erklären.

Finn antwortet auf die Fragen des **Verfahrens I** schnell und ohne länger überlegen zu müssen. ***Hypothese 1*** kann nicht bestätigt werden, da Finn in V.I zwei unlebendigen Objekten Leben zuspricht, in V.III und V.III+ nur einem der 14 festgelegten Objekte. Ein Objekt in V.III+ bleibt unbestimmt (vgl. Tab., S. 114).

Konzentriert sortiert Finn die Objektkarten auf die verschiedenen Stapel des **Verfahrens II**. ***Hypothese 2*** kann nicht bestätigt werden, da Finn in V.II im Gegensatz zu V.III und V.III+ zwei animistische Aussagen trifft, in V.III eine animistische Aussage, in V.III+ eine animistische Antwort und ein Objekt unbestimmt bleibt (vgl. Tab., S. 114). ***Hypothese 3*** siehe S. 126.

Ohne Schwierigkeiten begründet Finn seine Urteile des **Verfahrens III**. ***Hypothese 4*** kann aufgrund der Resultate von V.I und V.II nicht bestätigt werden.

Hypothese 4.1: Finns animistisches Konzept bezieht sich bei den 14 festgelegten Objekten nur auf das Feuer. Obwohl er Recht damit hat, dass ein Feuer ohne Sauerstoff nicht brennen kann, setzt er dies dennoch mit dem Atmen der lebendigen Objekte gleich. Aufgrund dessen, dass er in V.III+ weitere animistische Tendenzen aufzeigt, wird er bezüglich des V.III dem dritten Stadium zugeordnet.

> Das Feuer ist lebendig, *„weil's auch Sauerstoff braucht, ohne Sauerstoff kann's nicht brennen"*, die Blume, *„weil die auch wächst, so wie der Baum."* Der Mond ist nicht lebendig, *„weil der eigentlich (...) der macht eigentlich nicht viel (..), der läuft ja auch eigentlich auch nicht (...)"*, das Auto ist nicht lebendig, *„weil's aus Eisen besteht"*, die Uhr, *„weil die meistens auch aus Plastik, viel aus Plastik, und hat eigentlich nur Strom und so (...)"*, der Bach, *„weil's kein Sauerstoff braucht"*, das Fahrrad, *„(...) weil's halt Eisen ist und Eisen ist nicht lebendig"*, die Wolke, *„weil die vom Wind angetrieben wird."*

In dem **Verfahren III+** versucht Finn, teils sehr ausführlich und genau, seine Annahmen zu begründen. Er ist sachlich und mit ernster Miene erläutert er seine Begründungen. ***Hypothese 5*** kann bestätigt werden und belegt die Einstufung in das dritte Stadium, denn Finn revidiert keine seiner Lebendigkeitszuschreibungen oder -aberkennungen und weitere Objekte konnten besprochen werden, zu welchen animistische Vermutungen ausgesprochen wurden. Obwohl Finn auch den Sitzbezügen des Autos eine Lebendigkeit zuspricht, da sie aus dem Material von Bäumen (Baumwolle) bestehen, wird diese Annahme als Nichtunterscheidungsfähigkeit zwischen lebendigen und toten Naturprodukten angesehen und hat, bezogen auf die Kategorien, keine Bedeutung.

> Der Mond ist nicht lebendig, *„weil der eigentlich..., der..., der macht eigentlich nicht viel, der..., der läuft ja auch eigentlich auch nicht, der ist nicht lebendig."* „Mhm." *„Der dreht sich ja..., ich weiß es nicht so genau, vielleicht ist er lebendig."* Er erklärt weiter, *„ja, der geht eigentlich, der..., läuft, der ist ja auf der Bahn..., die Bahn ist ja so schräg* (er zeigt es mir mit seiner Hand) *und da ist dann so durch..., und dann läuft der..., ich weiß nicht so ganz genau, dreht der sich oder nicht."* Da Finn nicht weiß, ob der Mond sich von alleine *„dreht"* oder ob er sich überhaupt *„dreht"*, bleibt eine Lebendigkeitszuschreibung bzw. -aberkennung für ihn fraglich. Auch bezüglich der Sonne hat er eine geteilte Meinung. „(...) meinst du, die Sonne ist lebendig oder nicht lebendig?" *„Ää* (nein)." „Glaubst du nicht?" *„Oder..., eigentlich schon, weil die ist ja Feuer..., eigentlich ist Feuer lebendig."* „Mhm..., o.k.." *„Kann ja eigentlich lebendig sein..., muss nicht...."* Das Auto ist nicht lebendig, *„weil's aus Eisen besteht."* „Mhm." *„Außer die Baumwolle, wenn die Sitze aus Baumwolle sind"* und weiter, *„(..) weil die sind ja*

auch dann aus bestimmten Bäumen..., diese Baumwolle sind aus Bäumen, aber nicht ganz normale."

Finn spricht den Tieren und Pflanzen ein Bewusstsein zu. Allen anderen unlebendigen Objekten wird ein Bewusstsein abgesprochen. ***Hypothese 5.1*** kann bestätigt werden und Finns Antworten werden dem vierten Stadium zugeordnet.

> „(...) wenn man n Baum anlangt, meinst du, der spürt des..., oder nicht?" *„Hm, außer wenn man seine Schale abkratzt, des spürt der und des tut dem auch weh, aber der schreit nicht so wie wir, aua."* Wenn man von einem Baum die Rinde abmachen würde, dann würde es ihm weh tun, *„(...) weil da fließt ja (...) eigentlich auch des Blut, so wie bei uns des Blut, bloß bei ihm das Harz"* und weiter, wenn man auf einem Ast steht, dann spürt der Baum da etwas, *„weil des Innere (...) da fließen auch so wie bei uns die Nerven durch, aber der spürt des nur n bisschen, weil* (er von) *außen ja geschützt ist* (durch die Rinde)." Ein Baum spürt, wenn man ihn anzündet, denn *„(...) dann tut's ihm sehr weh"*, aber ein Ast spürt nicht, wenn er verbrannt wird. Allen anderen unlebendigen Objekten wird kein Bewusstsein zugesprochen. Die Wolke ist nicht lebendig, *„weil die vom Wind angetrieben wird."* „(...) Weiß der Wind, dass er da so ne dicke fette Wolke vor sich her-treibt?" *„Ää (nein), der denkt einfach hmmm, ich treib einfach mal, halt, der denkt, ich tu einfach mal winden, aber in Wirklichkeit denkt der nicht."*

Hypothese 6: Finn (9) befindet sich bezüglich des Begriffes „Leben" im dritten, einem ihm altersgemäßen Stadium.

Hypothese 6.1: Bezüglich des Begriffes „Bewusstsein" kann die Hypothese nicht bestätigt werden, denn seine Antworten werden einem höheren Stadium zugeordnet.

Hypothese 7 kann bestätigt werden, da Finn in den beiden ersten Verfahren jeweils drei animistische „Fehler" begeht, welche in dieser Form in dem V.III und III+ nicht mehr auftreten.

Bei den verbalen V.III und V.III+ konnten die animistischen Aussagen, welche in V.I und V.II gemacht wurden und welche in keiner Weise altergemäß sind, behoben werden. Die Lebendigkeitszuschreibung des Tisches ist dem ersten Stadium zuzuordnen. Die animistischen Tendenzen, welche in V.III und V.III+ auftraten, können als eigentliche Vorstellung des Kindes betrachtet werden.

	Bau.	Pfe.	Mon.	Fah.	Fis.	Feu.	Tis.	Bac.	Aut.	Uhr	Ste.	Wol.	Vog.	Blu.
V.I	X	X			X	X	X						X	X
V.II	X	X			X	X	X						X	X
V.III	X	X			X	X							X	X
V.III+	X	X	?		X	X							X	X

4.15 Jakob

Jakob, 4 Jahre, ist recht schwer zu verstehen, da seine verbalen Fähigkeiten noch nicht altersgemäß ausgebildet sind. Zu Beginn der Untersuchung ist er sehr konzentriert, dies lässt aber sehr schnell nach und er widmet sich anderen Dingen, wie z.B. der Vorführung von Saltos auf seiner Matratze und Kopfständen. Das Interview muss abgebrochen werden, da ihm eingefallen ist, dass er Kastanien sammeln gehen muss, viel lieber aber mit mir sein neues Spiel spielen möchte. Seine Mutter versucht zu intervenieren, aber er wirft sich auf den Boden und fängt an, trotzig zu sein, zu heulen und seine Mutter mit den Füßen zu treten. V.III und V.III+ müssen abgebrochen werden bzw. können nicht in voller Länge durchgeführt werden. Aufgrund dessen können die Hypothesen begrenzt nur auf die Objekte angewandt werden, welche tatsächlich abgefragt werden konnten. V.II muss abgebrochen werden, d.h., die Ergebnisse der Zuschreibung von Lebendigkeitsmerkmalen auf die Objekte fließen nicht in das Gesamtergebnis ein.

Während des **Verfahrens I** ist Jakob konzentriert und antwortet schnell auf die Fragen. ***Hypothese 1*** wird bestätigt, denn in V.I werden fünf animistische Aussagen getroffen, in V.III und V.III+ sechs (vgl. Tab., S. 116).

Während des **Verfahrens II** lässt Jakobs Konzentration nach und es scheint, als würde er die an ihn gerichtete Aufgabe nicht wirklich verstehen. Nach der zweiten Sortierung von Lebendigkeitsmerkmalen muss dieses Verfahren abgebrochen werden. ***Hypothese 2*** kann bestätigt werden, denn in V.II werden fünf unlebendigen Objekten Leben zuerkannt, in V.III und V.III+ sechs unlebendigen Objekten (vgl. Tab., S. 116). ***Hypothese 3*** kann nicht in die Resultate mit einbezogen werden.

Jakob kann während des **Verfahrens III** nicht auf jedes zu befragende Objekt eine Antwort bzw. ein Urteil abgeben und die Objekte „Pferd“, „Fisch“ und „Feuer“ werden ausgeschlossen. Die Befragung wird immer wieder durch ihn unterbrochen und er spielt mit

Gegenständen im Raum. ***Hypothese* 4** kann aufgrund der Ergebnisse von V.I und V.II bestätigt werden.

***Hypothese* 4.1** ist bestätigt, denn Jakob spricht Gegenständen aus allen Kategorien Lebendigkeit zu, obwohl er für sein Urteil nicht immer eine Begründung abgeben kann. Demnach sind seine Antworten dem ersten Stadium zuzuordnen.

> Ein Baum ist lebendig, *„weil der was sehen kann"*, der Bach ist lebendig, *„(...) weil der laufen kann im Wasser und der kann alle Kinder hören"*, die Wolke ist lebendig, denn sie *„kann in der Luft laufen"*, der Mond, *„weil der hell macht"*, das Auto *„(...) kann fahren und reden, hat der Robin gesagt."* Für die Objekte „Tisch" und „Uhr" kann Jakob keine Begründung abgeben.

Jakob ist während des **Verfahrens III+** sehr schnell abgelenkt und ihm fallen sehr viele andere Dinge ein, über die er reden oder die er tun möchte. ***Hypothese* 5** kann bestätigt werden, denn Jakob revidiert keine der Lebendigkeitszuschreibungen oder Aberkennungen des V.III.

Bezüglich der ***Hypothese* 5.1** kann nur eine Vermutung aufgestellt werden, da sich das Gespräch nicht intensiv genug um die zu besprechenden Objekte dreht. Dennoch ist anzunehmen, dass sich Jakob im ersten Stadium befindet, denn er spricht nicht nur mechanisch bewegten Gegenständen und Naturphänomenen ein Bewusstsein zu, sondern auch dem Tisch.

> Ein Baum kann nicht wissen, wenn man auf ihn klettert, aber er kann es spüren. Wenn man einen Apfel von einem Baum pflückt, merkt er es nicht, *„(...) weil der nicht sprechen kann (lacht)"*, und er kann ihn (Jakob) auch nicht erkennen. Das Fahrrad spürt es, wenn man auf ihm fährt, und es kann sehen, auch wenn es im Schuppen steht, *„(...) weil der ja Licht hat."* Der Tisch *„(...) kann hören, wenn die Menschen da sind."* Der Bach *„(...) kann alle Kinder hören."* Das Auto weiß, wenn man mit ihm fährt und auch wohin man fährt. Die Wolken können *„(...) in der Luft laufen"* und die Sonne weiß, dass sie in der Luft laufen kann, denn *„des sieht die ja."*

***Hypothese* 6** kann bestätigt werden, Jakob (4) befindet sich in einem altersgemäßen Stadium.

***Hypothese* 6.1** wird bestätigt, Jakob befindet sich in Stadium eins.

***Hypothese* 7** wird bestätigt, denn V.I, V.II und V.III, V.III+ sind untereinander nicht analog.

Generell ist anzunehmen, dass das animistische Konzept sehr stark bei Jakob ausgeprägt ist, aber die Verfahren und die Länge der Verfahren scheinen einen zu hohen Anspruch an seine Konzentrationsfähigkeit zu stellen, ein Interesse seinerseits in Bezug auf die Untersuchung war nicht gegeben und kann auch nicht erwartet werden, da das Verständnis dafür fehlt.

	Bau.	Pfe.	Mon.	Fah.	Fis.	Feu.	Tis.	Bac.	Aut.	Uhr	Ste.	Wol.	Vog.	Blu.
V.I		X			X	X		X	X	X		X	X	X
V.II	X	X	X	X	X			X	X				X	X
V.III	X	/	X		/	/	X	X	X	X		X	X	
V.III+	X	/	X		/	/	X	X	X	X		X	X	

4.16 Paul

Paul, 5 Jahre, ist sehr verhalten und schüchtern. Aufgrund dessen bleibt er während des gesamten Interviews sehr reserviert und seine Antworten sind kurz und knapp. Während der Untersuchungseinheit ändert er seine Sitzposition nicht (Schneidersitz, gebeugter Rücken).

Das **Verfahren I** verläuft problemlos und Paul antwortet auf die Fragen, ohne länger nachdenken zu müssen. ***Hypothese 1*** kann nicht bestätigt werden, da in V.I zwei unlebendigen Objekten Leben zugesprochen wird, in V.III und V.III+ keinem unlebendigen Objekt (vgl. Tab., S. 118).

Ohne Fragen zu stellen und ohne Kommentare sortiert Paul die Objektkarten auf die verschiedenen Stapel des **Verfahrens II**. ***Hypothese 2*** kann nicht bestätigt werden, da er drei unlebendigen Objekten Leben zuspricht, in V.III, V.III+ keinem unlebendigen Objekt (vgl. Tab., S. 118). ***Hypothese 3*** siehe S. 126.

Paul kann zwar während des **Verfahrens III** für jedes zu befragende Objekt auf sein Urteil auch eine Begründung folgen lassen, diese ist aber sehr einförmig. Da in V.III keine animistischen Antworten zu verzeichnen sind, kann ***Hypothese 4*** nicht bestätigt werden.

Hypothese 4.1 kann bestätigt werden, denn Pauls Antworten lassen sich dem vierten Stadium zuordnen. Er spricht keinem unlebendigen Objekt Leben zu. Nur diejenigen Objekte, welche sich von alleine bewegen bzw. laufen können, werden als lebendig betrachtet.

> Ein Baum ist lebendig, *„weil der wachsen kann"*, das Pferd, *„weil's laufen kann"*, der Vogel, *„weil der fliegen kann."* Der Mond ist nicht lebendig, *„…weil, weil der net laufen kann"*, das

Fahrrad, *„weil des nicht von alleine laufen kann“*, das Feuer, *„weil's nicht laufen kann (lacht)“*, der Bach, *„weil der, weil der, hm, nicht laufen kann“* usw.

Paul ist auch bezüglich des **Verfahrens III+** nicht aus seiner Reserviertheit zu locken. Seine Antworten sind kurz, oft auch nur in Form eines Nickens oder Kopfschüttelns. ***Hypothese 5***, bezogen auf die 14 festgelegten Objekte, wird bestätigt, denn Paul revidiert keine seiner Lebendigkeitszuschreibungen oder -aberkennungen in dem weiterführenden V.III+. Zwei weitere unlebendige Objekte, die aus dem Kontext heraus besprochen wurden, werden von ihm als lebendig angesehen. Demnach kann zwar bezüglich der 14 festgelegten Objekte keine animistische Tendenz bestätigt werden, aber animistische Tendenzen sind durchaus vorhanden. Aufgrund dessen werden seine Antworten dem dritten Stadium zugeordnet.

„Und die Sonne?“ *„Die kann uns auch sehen.“* „Mhm... und ist die lebendig oder nicht lebendig?“ *„Lebendig.“* „Ja..., mhm... und ähm, weiß die z.B. auch, wenn man draußen spielt?“ *„Mhm, ja.“* „Und die Sterne, sind die auch lebendig oder sind die nicht lebendig?“ *„Lebendig.“* „Und warum sind die lebendig?“ *„Weil die fliegen können.“*

Hypothese 5.1 wird bestätigt. Pauls Antworten bezüglich des Begriffes „Bewusstsein“ lassen sich dem ersten Stadium zuordnen. Seine Aussagen beinhalten nicht nur finalistische Gedanken, sondern auch, dass eine Aktivität, z.B. das Werfen eines Steines, vom Stein selbst wahrgenommen bzw. gespürt wird.

Der Mond weiß, wenn Paul abends im Bett liegt, denn *„der kann sehen“*, so auch die Sonne. Der Mond und die Sterne wissen, dass sie zusammen am Himmel sind und sie können miteinander sprechen, aber was sie sagen, das weiß Paul nicht. Das Fahrrad weiß, wenn Paul mit ihm fährt, dabei spielt die Geschwindigkeit keine Rolle, aber es kann nicht wissen, dass wir uns gerade im Haus aufhalten. Der Fisch ist lebendig und das Wasser weiß, dass er in ihm schwimmt, *„weil der Fisch sich bewegt.“* Das Feuer ist für Paul zwar nicht lebendig, aber das Feuer weiß, dass es Holz und Papier verbrennt, *„weil des ja des Holz verbrennt und des kleiner wird.“* „(...) Weiß der Tisch dann, dass ihr da alle sitzt *(unterbricht)*.“ *„Mhm.“* „Und dass auf dem Wurst drauf ist und Käse?“ *„Mhm.“* „Ja?... Meinst du, der findet des toll?“ *„Jaaa.“* „Hat der des gern?“ *„Mhm.“* „Und was ist, (...) wenn man den ganz dreckig macht?“ *„Des mag er nicht.“* „Aha..., und wenn man auf den Tisch drauf haut, spürt der des?“ *„Ne.“*

> „Und sind dann die Stühle lebendig oder nicht lebendig?" *„Nicht lebendig."* „Schau mal, du hast doch bestimmt so n Stuhl für kleinere Kinder?" (man kann den Esstisch von seinem Zimmer aus sehen). *„Ja."* „Und weiß der Stuhl, dass es dein Stuhl ist?" *„Ja."* „Ah... und fühlt der des, wenn du da drauf sitzt?" *„Ja."* „Und wenn da jemand ganz Schweres drauf sitzt?" *„Auch."* Das Auto kann hören, wenn die Kinder schreien, aber es kann nicht wissen, wie viele Kinder in ihm sitzen und es stört es auch nicht. „Spürt des Auto, dass man fährt mit dem?" *„Mhm."* „Mhm... und was spürt des da?" *„Dass es vorwärts geht."* „Ah... o.k..., weiß des auch, wo man hinfährt?" *„Mhm."* Ein Stein spürt nicht, wenn man ihn in die Hosentasche steckt, aber wenn man ihn ganz weit wirft, *„dann spürt er's."* Die Wolke *„(...) kann manchmal fliegen"*, aber nur, wenn sie Lust hat. Paul glaubt auch, dass die Wolken extra vor die Sonne ziehen und wenn man eine Wolke anfassen könnte, dann würde sie es spüren.

Hypothese 6 kann bezüglich des Begriffes „Leben" nicht bestätigt werden, da Paul fünf Jahre alt ist und sich seine Antworten dem dritten Stadium zuordnen lassen.

Hypothese 6.1 kann bestätigt werden, Paul befindet sich im ersten Stadium.

Hypothese 7 ist bestätigt, denn zwischen den verschiedenen Verfahren ist keine Analogie zu verzeichnen.

Sieht man von den 14 festgelegten Objekten ab, konnten animistische Tendenzen bezüglich des Begriffes „Leben" in V.III+ bestätigt werden. Pauls ausgeprägte animistische Haltung bezüglich des Begriffes „Bewusstsein" lässt darauf schließen, dass er allgemein, auch hinsichtlich des Begriffes „Leben", noch weitere animistische Vorstellungen hat.

	Bau.	Pfe.	Mon.	Fah.	Fis.	Feu.	Tis.	Bac.	Aut.	Uhr	Ste.	Wol.	Vog.	Blu.
V.I	X	X	X	X	X								X	
V.II		X	X		X			X				X	X	
V.III	X	X			X								X	
V.III+	X	X			X								X	

4.17 Arne

Arne, 27 Jahre, lässt sich interessiert auf die Untersuchung ein. Er hinterfragt des Öfteren seine Erklärungen und überdenkt seine Antworten sehr genau.

Überlegt antwortet Arne auf die Fragen des **Verfahrens I**. ***Hypothese 1*** wird nicht bestätigt, da Arne in V.I fünf unlebendigen Objekten Leben zuspricht, in V.III und V.III+ drei unlebendigen Objekten (vgl. Tab., S. 121).

Arne braucht sehr lange, um die Karten des **Verfahrens II** zu sortieren. Dabei kommentiert er seine Zuweisungen, sowohl die der Lebendigkeitszuschreibung oder -aberkennung als auch die Zuweisungen der verschiedenen Lebendigkeitsmerkmale nicht. ***Hypothese 2*** wird nicht bestätigt, da in V.I fünf unlebendigen Objekten Leben zugesprochen wird, in V.III und V.III+ nur drei unlebendigen Objekten (vgl. Tab., S. 121). ***Hypothese 3*** siehe S. 126.

Arne erläutert recht genau seine Vorstellungen über die Lebendigkeit und Nichtlebendigkeit von Objekten in dem **Verfahren III**. Es hat den Anschein, dass er sich vorab noch nie Gedanken über dieses Thema gemacht hat. ***Hypothese 4*** kann aufgrund der Ergebnisse von V.I und V.II nicht bestätigt werden (vgl. Tab., S. 121).

Hypothese 4.1: Es ist möglich, Arnes Antworten dem dritten Stadium zuzuordnen, denn abgesehen von dem Objekt „Wolke" befindet er alle (scheinbar) eigenbewegten Objekte als lebendig.

> Der Mond ist nicht lebendig, weil *„der Mond ist ja in nem Kreislauf drin, in so nem, in unserer Atmosphäre und des ist notwendig für das Leben auf unserer Erde, also müsste er selber auch leben"*, der Bach, *„der ist auch in dem Kreislauf drin…, der kann, der nimmt die Sonnenstrahlen auf, kann sich erwärmen…, na gut, des können materielle Dinge auch, aber…, warum ist 'n Bach lebendig…, er spendet Leben, hm ist lebendig."* Das Fahrrad ist nicht lebendig, *„weil's aus Materialien besteht, die vom Menschen erzeugt wurden… des Stahl oder des Metall wird gegossen."* Ein Stein ist nicht lebendig, weil er *„kann wachsen, Gesteine können wachsen, des stimmt, aber, aber… warum lebt ein Stein nicht? Des sind auch wieder Wechselwirkungen, der speichert…, n Stein ist nicht lebendig, warum nicht? Kann ich, glaub, nicht mal beantworten"*, die Uhr *„… ähm des ist ne Mechanik…, braucht Anschubsenergie, des ist genau so wie beim Auto."*

Sehr ausführlich und überlegt verläuft das weiterführende Gespräch des **Verfahrens III+**. Da Arne keine seiner Lebendigkeitszuschreibungen oder -aberkennungen des V.III+ revidiert, wird ***Hypothese 5*** bestätigt und die Antworten dem dritten Stadium zugeordnet.

> Die Sonne ist lebendig, denn *„(...) sie trägt wiederum zum Leben bei, also..., ich denke, dann müsste sie auch lebendig sein wie der Mond."* Die Erde (Planet Erde) ist lebendig, denn *„(...) da geht ja, weiß was ich, wie viele Prozesse da ablaufen... schon allein die Erde, die Muttererde sozusagen, wo, wandelt um, setzt Stoffe um und trägt zum Leben bei wiederum."* Das Feuer ist lebendig, denn *„Feuer lebt, trägt zum Leben bei und lebt."* „Kannst du des vielleicht n bisschen näher erklären?" *„Hm..., Feuer braucht meistens immer mehrere Komponenten.... Sauerstoff, Stickstoff..., Gas..., Feuer lebt, wandelt's um in Energie..., spendet Wärme..., da ist Leben drin."* „Und wie kannst du das Leben definieren, das Leben im Feuer?" *„Weil auch in nem Zyklus drinne ist..., es gibt CO_2 ab, des wiederum die Pflanzen aufnehmen, umwandeln..."* „Du hast grad vorhin gesagt, Feuer ist lebendig, weil, weil's CO_2 ist und Gas und noch irgendwas hast du gesagt, sind die Sachen denn dann auch lebendig?" *„Des ist Materie..., die sich zusammensetzen, des sind die Komponenten..., CO_2 ist Kohlenstoff und Sauerstoff, der sich verbindet...."* „Mhm." *„Des gewonnen wird aus, ja wiederum einzelnen* (lacht) *Beständen aus der Natur, ja des kommt aus der Natur, also muss es lebendig sein." „(...) 'n Bach ist lebendig, denk ich, doch."* „Kannst du mir noch 'n paar Beispiele geben?" *„Ja, Wasser kann auch ne Eigendynamik entwickeln."* „Inwiefern?" *„...In Schwingung versetzen lässt, des die Schwingung weiter trägt in Form von Wellen."* „Kann des des denn von selbst?" *„Von selbst weniger..., aber vielleicht schon..., des kann ja selbst Leben spenden, dann ist es selbst auch n Teil von Energieträger..., des kann sich erwärmen, abkühlen, des bildet Zirkulationen."* „Kann des sich von selbst erwärmen?" *„Ne, von sich selbst nicht, des ist in dem Kreislauf drin. Dadurch dass es sich erwärmt, dehnt sich's aus..., hat die größte Dichte bei 4 °C ..., mhm."* „Aber ist lebendig?" *„Ist lebendig für meine Begriffe."*

Es ist nicht möglich, Arnes Antworten bezüglich des Begriffes „Bewusstsein" einem Stadium zuzuordnen, da seine Erklärungen nicht den Piagetschen Kategorien zuzuordnen sind. ***Hypothese 5.1*** kann nicht bestätigt werden.

> Der Mond kann nichts spüren, *„weil er hauptsächlich aus Gestein besteht... (...)." „Die Erde selbst ist lebendig, aber sie spürt nicht."* „Und kann die irgendwas wissen?" *„... Mit der Erde ist wiederum gefragt, eigentlich spürt sie ja auch..., sie setzt sich ja zur Wehr..., siehe unsere CO_2-Emission, je nachdem, Klimaerwärmung, sie setzt sich ja zur Wehr, also in dem Fall müsste sie ja auch was wissen... oder halt, würde des umsetzen, in dem Fall*

spürt sie ja schon. Jetzt verstrick ich mich. Sie spürt das schon, also spürt sie dann, aber nicht mit dem Begriff, wie du das dargestellt hast mit diesem Loch bohren....“ „Sondern?“ *„Wenn man tief genug, weit genug bohrt, vielleicht dann schon.“* „Im Erdinneren?“ *„Äh, aber hier mit unserem Ozon und des alles, des spürt sie ja. Die langwelligen, äh, kurzwelligen UV-Strahlen, die durchtreten auf die Erde, sie spürt das schon, also spürt sie, sie setzt das um.“* „Mhm.“ *„Somit weiß sie auch. Aber eigentlich sind das ja nur alles Folgereaktionen aus diversen... Gegebenheiten, die sich verändern....“* „Kann des Feuer irgendwas wissen?“ *„... Wissen in dem Sinn..., in dem Sinn nicht.“* „Spüren?“ *„Feuer kann was spüren, ja.“* „Was kann des z.B. spüren?“ *„Unter Druck, Druck in der Atmosphäre, Luftdruck, Feuchtigkeit, Feuchtigkeitsgehalt.“* „Kann des Feuer des selbst spüren?“ *„... Des ist die Frage, Feuer selbst kann des nicht spüren, Feuer..., des geht aus oder an, brennt besser oder schlechter....“*

Hypothese 6 kann nicht bestätigt werden, da Arne (27) sich bezüglich des Begriffes „Leben“ im dritten Stadium befindet.

Hypothese 6.1 kann nicht bewertet werden, da H.5.1 nicht bestätigt werden konnte.

Zwischen V.I, V.II und V.III, V.III+ ist kein innerer Zusammenhang zu erkennen, da Arne im Gegensatz zu V.III und V.III+ zwei weiteren Objekten in V.I und V.II Leben zuspricht. ***Hypothese 7*** ist bestätigt.

Allgemein ist festzuhalten, dass die Auseinandersetzung mit diesem Thema anspruchsvoll war und dass sein Verständnis über die Wirklichkeit teilweise nicht konkret war.

	Bau.	Pfe.	Mon.	Fah.	Fis.	Feu.	Tis.	Bac.	Aut.	Uhr	Ste.	Wol.	Vog.	Blu.
V.I	X	X	X		X	X		X			X	X	X	X
V.II	X	X	X		X	X		X			X	X	X	X
V.III	X	X	X		X	X		X					X	X
V.III+	X	X	X		X	X		X					X	X

4.18 Nora

Nora, 23 Jahre, stellt sich erwartungsvoll dem Untersuchungsverlauf. Sie kommt recht häufig ins Schwanken bezüglich der „richtigen“ Zuschreibung bzw. Beschreibung der Objekte. Sie überlegt zum Teil sehr lange und gewissenhaft, bis sie ihre Entscheidung bezüglich eines Objektes mitteilt.

Lange überlegt Nora, bis sie auf die Fragen des **Verfahrens I** antworten kann. ***Hypothese* 1** kann bestätigt werden, da sie im V.I keinem unlebendigen Objekt eine Lebendigkeit zuweist, in V.III einem unlebendigen Objekt, und in V.III+ geht sie davon aus, dass alle mit Eigenbewegung ausgestatteten Objekte und das Objekt „Stein" eine gewisse Lebendigkeit besitzen (vgl. Tab., S. 124).

Sie benötigt für die Sortierung der Objektkarten des **Verfahrens II** sehr viel Zeit und sie überlegt sich in Ruhe, welches Lebendigkeitsmerkmal sie welchem Objekt zuordnet. ***Hypothese* 2** kann bestätigt werden, da Nora in V.II nur den Tieren Leben zuspricht, in V.III den Pflanzen und dem Feuer und in V.III+ allen Naturobjekten eine gewisse Lebendigkeit anerkennt (vgl. Tab., S. 124). ***Hypothese* 3** siehe S. 126.

Während des **Verfahrens III** erläutert Nora sehr genau ihre Vorstellungen bezüglich der verschiedenen Objekte. ***Hypothese* 4** kann bestätigt werden, da in V.I und V.II keinem unlebendigen Objekt Leben zugesprochen wird, in V.III dem Feuer und das Objekt „Bach" bleibt als zu hinterfragen stehen (vgl. Tab., S. 124).

Noras Antworten sind teilweise ambivalent. Aber es ist dennoch möglich, wenn man von dem sich an V.III anschließenden V.III+ ausgeht, ihre Antworten dem dritten Stadium zuzuordnen, da ihre Antworten nicht kurz und knapp sind, sondern in langen Überlegungen enden. ***Hypothese* 4.1** kann bestätigt werden.

> Der Mond? *„hm... (überlegt sehr lange) weiß ich nicht, der ist halt so weit weg, aber des hat ja nichts damit zu tun..., er bewegt sich ja schon* (lacht), *aber irgendwie..., der ist immer da und der isst nichts und der stirbt nicht, vielleicht irgendwann ja mal, aber... glaub, ich weiß nicht, ich würd nicht sagen, dass er lebendig ist..."* Das Fahrrad ist nicht lebendig, *„weil des besteht aus Blech und ist vom Menschen geschaffen und des hat keine Gefühle."* Ein Feuer ist *„(...) irgendwie lebendig (...), weil's auch von, also es ist zwar auch irgendwas Physikalisches, wenn dann Luft dazu kommt, dann wächst's, aber... vielleicht, weil der Mensch keinen Einfluss darauf hat..., weil es des von alleine macht, nicht so wie beim Fahrrad, dass es angetrieben ist so..."* Ist der Bach lebendig oder nicht lebendig? (...) *„...ich würd nicht sagen, dass er lebendig ist, aber ich würd auch nicht sagen, dass er tot ist."* (...) *„Vielleicht auch, weil es irgendwas ist, von dem wir abhängig sind."* Ein Stein ist nicht lebendig, *„(...) weil n Stein... kann nicht sterben, glaub ich... und der macht auch nichts, der liegt nur da (...)."*

Das **Verfahren III+** verläuft in einer angeregten Diskussion über die verschiedenen in dieser Arbeit festgelegten, aber auch über spontan neu miteinbezogene Objekte. Anzumerken ist, dass sich Nora im Vorfeld wahrscheinlich noch nie wirklich Gedanken über das besprochene Thema gemacht hat. ***Hypothese 5*** kann bestätigt werden, denn Nora ist bei diesem angewendeten Verfahren wie in dem V.III dem dritten Stadium zuzuordnen. Sie revidiert keine ihrer Annahmen, sondern sieht die Naturphänomene als einheitliches Ganzes an, welchen eine Lebendigkeit inhärent ist. Aufgrund dessen werden ihre Antworten, obwohl das Objekt „Stein" von ihr mit Leben ausgestattet wird, dem dritten Stadium zugeordnet.

> Das Feuer *„(...) ist nicht so lebendig wie n Mensch oder auch nicht so lebendig wie n hm, Tier oder ne Pflanze, aber es ist auch irgendwie lebendig."* „Weil's vor allem von selbst was tut" „(unterbricht)... *Ja, ja."* Nora tendiert im Gespräch dazu, den Stein als lebendig anzusehen, denn *„(...) am Anfang hab ich gedacht, ich würd n Stein als nicht lebendig sagen, aber wenn ich jetzt darüber nachdenk, z.B. wenn ich mir vorstell, so n großen Stein zu zerhämmern..., dann fänd ich des, glaub ich, doch nicht so nett."* Noras Schlusszusammenfassung über die Naturobjekte ist wie folgt: *„(...) Feuer, Stein für Erde und Wolke für Himmel und so, dass die Materien irgendwie (...) eigenständig sind und irgendwas machen können (...), ham schon irgendwie Kraft (...) und wegen der Kraft sind sie dann auch halt irgendwie lebendig (...), die bewegen sich auch ohne, dass der Mensch da ist, ham auch schon was bewirkt und ham sich auch schon bewegt, bevor es uns gab, die wird's auch länger geben als uns."*

Hypothese 5.1 wird bestätigt, denn Noras Antworten bezüglich des Begriffes „Bewusstsein" können dem dritten Stadium zugeordnet werden. Hinsichtlich des Objektes „Stein", welches auch an dieser Stelle als ein mit Bewusstsein ausgestattetes Objekt angesehen wird, ist Nora aufgrund der oben genannten Begründung nicht dem zweiten Stadium zuzuordnen.

> Ein Baum spürt es nicht, *„wenn man ihn berührt (...), aber wenn man was abreißt, also..., viel kaputt macht, dann merkt er's, glaub ich, schon." „Ich glaub schon, dass der* (Baum) *irgendwas weiß, ich weiß nicht, was, aber allein, dass n Baum so viele Jahrhunderte, wenn so n Baum so viele Jahrhunderte alt ist, irgendwas weiß er bestimmt." „Des Fahrrad weiß nichts und spürt nichts, alles nur, alles nur vom Menschen gemacht, dass es halt funktioniert, und wenn der Mensch halt drauf sitzt, dann bewegt sich's."* Feuer *„(...) kann nicht denken und nicht fühlen."* Der Tisch,

„(…) ist nur n Nutzen." Der Bach bzw. das Wasser kann zwar nichts spüren, wenn man durch ihn/es durchläuft, aber *„(…) wenn im Sommer z.B. viele Leute in einem kleinen See sind und die alle, keine Ahnung, man hat immer irgendwie Dreck oder Parfum oder Shampoo oder irgendwas an sich und wenn des dann alles in den Fluss, in den See rein kommt, des merkt der halt, weil…, weil er dann dreckig wird."* Das Auto kann nichts fühlen oder wissen, denn *„des Wissen, was es hat, ist nur das, was wir ihm beigebracht haben und was es auch nur macht, wenn man's bedient."* Nora nimmt an, dass es möglich ist, dass ein Stein weiß, wenn er innerhalb oder außerhalb des Wassers ist und dass ein Sinn dahinterstecken könnte, warum sich ein Teilstück eines Felsens löst, denn *„(…) er kann sich nicht mehr zusammenhalten (…)."* Obwohl Nora den Naturphänomenen bestimmte Bewusstseinsmerkmale zuordnet, sagt sie, dass diese nicht so stark bei den Naturobjekten ausgeprägt sind wie bei Menschen, Tieren, oder Pflanzen.

Hypothese 6 kann nicht bestätigt werden, da Nora (23) sich im dritten Stadium befindet.

Hypothese 6.1 wird nicht bestätigt. Ihre Antworten lassen sich dem dritten Stadium zuweisen.

Hypothese 7 wird bestätigt, denn zwischen den V.I, V.II und V.III, V.III+ sind keine genauen Übereinstimmungen zu verzeichnen.

	Bau.	Pfe.	Mon.	Fah.	Fis.	Feu.	Tis.	Bac.	Aut.	Uhr	Ste.	Wol.	Vog.	Blu.
V.I	X	X			X								X	
V.II		X			X								X	
V.III	X	X			X	X		?				?	X	X
V.III+	X	X			X	X		X			X	X	X	X

4.19 Jan

Jan, 6 Jahre, kann sich gut auf die verschiedenen Verfahren konzentrieren und erläutert seine Ansichten recht genau.

Während des **Verfahrens I** kann Jan schnell seine Urteile auf die Fragen abgeben. ***Hypothese 1*** kann nicht bestätigt werden, da in allen Verfahren die gleichen Lebendigkeitszuschreibungen und -aberkennungen getroffen werden (vgl. Tab., S. 126).

Jan sortiert schnell und ohne Kommentare die Objektkarten auf die verschiedenen Stapel des **Verfahrens II**. Die Aufgabe fällt ihm sehr leicht und wie in V.I kann die ***Hypothese* 2** nicht bestätigt werden (vgl. Tab., S. 126). ***Hypothese* 3** siehe S. 126.

Das **Verfahren III** verläuft ohne Schwierigkeiten und Jan kann die Begründungen für seine Urteile überlegt abgeben. ***Hypothese* 4** kann aufgrund der Ergebnisse des V.I und V.II nicht bestätigt werden (vgl. Tab., S. 126).

***Hypothese* 4.1** kann bestätigt werden, da Jan nur den Tieren eine Lebendigkeit einräumt. Seine Antworten sind dem vierten Stadium zuzuordnen.

> Das Pferd ist lebendig, *„weil es auf vier Beinen steht"*, der Baum ist nicht lebendig *„ähm..., weil's ,'n großer Stamm ist und keine Augen hat und keine Nase und Mund"*, der Tisch ist nicht lebendig, *„weil der auf vier Beinen steht, Tischbeinen... und so platt ist"*, das Auto nicht, *„(...) weil es auf vier Rädern steht"*, der Mond nicht, *„(...) weil der keine Augen hat und Nasenlöcher."*

Jans Äußerungen sind im **Verfahren III+** nicht sehr ausführlich, aber er kann seine Annahmen verhältnismäßig gut verbalisieren. ***Hypothese* 5** wird bestätigt, da nur den Tieren eine Lebendigkeit zugesprochen wird. Aufgrund dessen ist Jan dem vierten Stadium zuzuordnen. Unabhängig von den 14 festgelegten Objekten ist auch die Sonne nicht lebendig, *„(...) weil die scheint golden."* Die Sterne sind nicht lebendig, *„(...) weil die so komisch geformt sind."*

***Hypothese* 5.1** kann bestätigt werden, denn Jan spricht nur dem Baum und den Tieren ein Bewusstsein zu. Demnach ist er dem vierten Stadium zuzuordnen.

> Ein Baum kann wissen, wenn er *„(...) zusammenkracht, (...) weil dann plötzlich alle Äste und so runterfliegen"*, aber spüren kann ein Baum es nicht, wenn er gefällt wird. Der Mond würde es nicht spüren, wenn man ihn anfassen könnte. Das Fahrrad kann nichts wissen, auch nicht, wenn man ganz schnell mit ihm fahren würde.

***Hypothese* 6** kann nicht bestätigt werden, da Jan (6) sich im vierten Stadium befindet.

***Hypothese* 6.1** wird nicht bestätigt, da sich seine Antworten dem vierten Stadium zuordnen lassen.

***Hypothese* 7** wird nicht bestätigt, da die verschiedenen Verfahren keinen Einfluss auf das animistische Konzept haben. Die Ergebnisse sind analog zueinander.

Interessant ist, dass Jan keine animistischen Tendenzen aufzeigt. Er vergleicht oft die Objekte mit dem Menschen, z.B. kann das Feuer nicht lebendig sein, *„weil's so plötzlich so hoch wächst (...), so wachsen wir Menschen ja nicht."* Die Bewegung scheint als Lebendigkeitskriterium keine Rolle einzunehmen, denn die Wolke ist deshalb nicht lebendig, *„weil die sich dauernd bewegt, die ganze Zeit, jeden Tag immer weiter und weiter."*

	Bau.	Pfe.	Mon.	Fah.	Fis.	Feu.	Tis.	Bac.	Aut.	Uhr	Ste.	Wol.	Vog.	Blu.
V.I		X			X								X	
V.II		X			X								X	
V.III		X			X								X	
V.III+		X			X								X	

4.20 Zusammenfassung der Hypothesenergebnisse

Die Hypothesenergebnisse der Versuchspersonen werden im Folgenden zusammengefasst und in der anschließenden Diskussion erläutert.

Die Versuchsperson Anna wird aus der Zusammenfassung ausgeschlossen, da eine durchgängige Untersuchungseinheit mit ihr nicht realisiert werden konnte.

Hypothese 1: Im Verfahren I werden geringere animistische Tendenzen bezüglich des Begriffes „Leben" erwartet als im Verfahren III und Verfahren III+.

Es zeigt sich ein heterogenes Resultat. Bei 10 von 18 Versuchspersonen führte V.I zu mehr animistischen Antworten als in V.III und V.III+. Die Abweichungen belaufen sich auf 1 bis 5 zusätzliche Zuschreibungen.

Hypothese 2: Im Verfahren II werden geringere animistische Tendenzen bezüglich des Begriffes „Leben" erwartet als im Verfahren III und Verfahren III+.

Ein einheitliches Ergebnis kann nicht belegt werden. V.II rief bei 7 von 18 Versuchspersonen mehr animistische Tendenzen hervor als V.III und V.III+.

Hypothese 3: Mit zunehmendem Alter wird die Fehlerhäufigkeit geringer, nichtlebendigen Objekten Lebendigkeitsmerkmale zuzuschreiben.

Ein altersabhängiges Ergebnis bezüglich der nicht-korrekten oder korrekten Zuschreibung von Lebendigkeitsmerkmalen auf unlebendige Objekte kann nicht bestätigt werden. Es wurden sowohl Lebendigkeitsmerkmale auf unlebendigen Objekten, welche als lebendig, als auch auf unlebendigen Objekten, welche als unlebendig eingestuft worden waren, attributiert (vgl. 8).

Hypothese 4: Im Verfahren III sind höhere animistische Tendenzen bezüglich des Begriffes „Leben" zu erwarten als im Verfahren I und Verfahren II.

Aufgrund der Resultate der Hypothesen 1 und 2 kann kein einheitliches Ergebnis belegt werden.

Hypothese 4.1: Die Versuchspersonen lassen sich in das Stadienmodell Piagets eingliedern.

Alle Versuchspersonen können dem Stadienmodell Piagets zugeordnet werden.

Hypothese 5: Die Antworten der Versuchspersonen bezüglich des Begriffes „Leben" lassen sich in das Stadienmodell Piagets eingliedern.

17 von 18 Versuchspersonen konnten in das Stadienmodell eingegliedert werden. Bis auf eine Versuchsperson, bei welcher diese Hypothese nicht überprüft werden konnte, revidierte keine Versuchsperson im weiterführenden Gespräch ihre Lebendigkeitszuschreibungen auf unlebendige Objekte. Bei einer Versuchsperson blieben im V.III zwei Objekte unbestimmt, welchen keine Lebendigkeit in V.III+ zugesprochen wurde. Bei einer weiteren Versuchsperson wurde die Lebendigkeit eines Objektes in V.III+ gegenüber V.III angezweifelt, jedoch wurden zwei weitere unlebendige Objekte in V.III+ als lebendig eingestuft. 3 Versuchspersonen attributierten in V.III+ ein bis drei zusätzliche Objekte als lebendig im Gegensatz zu V.III.

Hypothese 5.1: Die Antworten der Versuchspersonen bezüglich des den Dingen zugesprochenen Bewusstseins lassen sich in das Stadienmodell Piagets eingliedern.

14 von 17 Versuchspersonen konnten dem Stadienmodell Piagets zugeordnet werden. Eine Versuchsperson wurde nicht berücksichtigt, da eine Durchführung des Verfahrens nicht erfolgen konnte.

Hypothese 6: Die Antworten der Versuchspersonen lassen sich hinsichtlich des Begriffes „Leben" altersgemäß in das Stadienmodell Piagets eingliedern.

5 der 18 Versuchspersonen befinden sich in einem ihnen altersgemäß entsprechenden Stadium nach Piaget bezüglich des Begriffes „Leben", 5 Versuchspersonen in einem niedrigeren, 8 Versuchspersonen in einem höheren Stadium.

Hypothese 6.1: Die Antworten der Versuchspersonen lassen sich bezüglich des Begriffes „Bewusstsein" altersgemäß in das Stadienmodell Piagets eingliedern.

4 von 18 Versuchspersonen befinden sich in einem ihnen altersgemäßen Stadium hinsichtlich der Zuschreibung von Bewusstsein auf unlebendige Objekte. 4 Versuchspersonen werden einem niedrigeren Stadium zugeteilt, 7 Versuchspersonen einem höheren und 3 Versuchspersonen können nicht in das Stadienmodell eingegliedert werden.

Hypothese 7: Zwischen den Verfahren I, II und Verfahren III, III+ ist kein innerer Zusammenhang zu erwarten.

Bei 12 von 18 Versuchspersonen kann eine starke Diskrepanz zwischen Verfahren I, II und Verfahren III, III+ auf die 14 festgelegten Objekte belegt werden. Von den 6 Versuchspersonen, bei welchen ein innerer Zusammenhang zwischen den Verfahren zu erkennen war, sind 2 bereits dem vierten Stadium zuzurechnen und eine Verfahrensabhängigkeit ist auszuschließen. Demnach besteht nur bei 3 Versuchspersonen keine signifikante Verfahrensabhängigkeit bezüglich ihres animistischen Konzeptes.

Hypothese 8: Zwischen den Urteilen und Begründungen der Kinder und den Aussagen der jugendlichen und erwachsenen Untersuchungsteilnehmer kann keine Analogie verzeichnet werden.

Die Wissensdefizithypothese kann in dieser Studie nicht belegt werden. Die Herangehensweise und die Erklärungen zwischen den Altersstufen sind teilweise unterschiedlich, aber bezogen auf die Resultate ist nicht zu verzeichnen, dass animistische Tendenzen in Zusammenhang mit einem defizitären Wissen über biologische Konzepte, Wissen über das Konzept „Leben" oder Wissen über die Eigenschaften von Objekten zu bringen sind. Die animistischen Vorstellungen der älteren Versuchsteilnehmer (vgl. z.B. Isabel, Lena, Tom, Arne, Nora) zeigen, dass die Resultate nicht signifikant von denjenigen der jüngeren Versuchsteilnehmer abweichen. Die Jugendlichen und Erwachsenen setzen ihr erlerntes Wissen nicht ausschließlich zur Erklärung ihres „Weltbildes" ein und demnach kann von einem Wissensdefizit bei Kindern nicht ausgegangen werden.

4.21 Diskussion der Ergebnisse

Die Ergebnisse dieser qualitativen Studie sprechen für das Vorhandensein des kindlichen Animismus, welcher von Piaget beschrieben wurde. Alle vier Stadien konnten in großem Ausmaß belegt werden, sowohl hinsichtlich des Begriffes „Leben" als auch bezüglich des Begriffes „Bewusstsein."

Verfahren I kann das eigentliche animistische Konzept nicht erheben. Die im Gegensatz zu den Verfahren III und III+ häufigeren animistischen Tendenzen bei einigen Versuchspersonen konnten in den verbalen Verfahren behoben, das Fehlen animistischer Aussagen im Verfahren I durch die Verfahren III und III+ erhoben werden. Begründet wird dies zum einen dadurch, dass einer erwachsenen Versuchsperson im Verfahren I die „Fehler" unterlaufen waren, dem Stein und der Wolke Leben zuzusprechen, dass diese „Fehler" jedoch in den Verfahren III und III+ durch die Möglichkeit, eine Begründung abzugeben, beseitigt werden konnten. Zum anderen konnte das Fehlen animistischer Tendenzen in Verfahren I durch die Verfahren III und III+ aufgedeckt werden, nicht nur bezogen auf die 14 festgelegten Objekte, sondern auch auf andere Objekte, welche mit in das Verfahren III+ eingegliedert werden konnten.

Das Verfahren II scheint keine geeignete Form zur Erhebung animistischer Tendenzen zu sein. Betrachtet man die vielen unkorrekten Lebendigkeitszuschreibungen auf unlebendige Objekte in allen Altersklassen, ist davon auszugehen, dass die fast gänzliche Nonverbalität dieses Verfahrens einen entscheidenden Einfluss auf die Auffassung der Begriffe „lebendig – nicht lebendig" ausübte. In den verbalen Verfahren III und besonders V.III+ konnten die fälschlichen Lebendigkeitszuschreibungen nicht nur bei den jüngeren Versuchspersonen behoben werden.

Fast alle Versuchspersonen attributierten unkorrekte Lebendigkeitseigenschaften sowohl auf lebendige als auch auf unlebendige Objekte. Generell war zu beobachten, dass die Zuschreibung oder Aberkennung von Lebendigkeitsmerkmalen an alle Versuchspersonen, auffallend auch bei den Älteren, eine hohe Anforderung stellte. Die Überprüfung des Wissens über die Eigenschaften bzw. die Merkmale des Lebens konnte durch dieses Verfahren weder abgefragt noch geklärt werden. Nora (23) wies den Objekten „Auto" und

„Uhr" eine Eigenbewegung, dem Feuer die menschlichen Eigenschaften „wachsen" und „sterben" zu. Arne (27) ordnete den Objekten „Feuer" und „Bach" die Eigenschaften „fühlen", „atmen", „wachsen", „sterben" zu. Einige der Versuchspersonen gaben unaufgeforderte Erklärungen ab. Karl (10) attributierte dem Bach die Eigenschaft „laufen", *„wenn er fließt"*, „wachsen", wenn er sich mit anderen Flüssen *„verbindet"*, der Wolke die Eigenschaft „wachsen", wenn sie sich *„vollsaugt"* und „sterben", wenn sie sich *„auflöst."* Phillip (8) ging davon aus, dass das Feuer atmen kann, denn *„ohne Sauerstoff wär's ja gar nicht da"*, wachsen kann, *„denn wenn man nur ganz wenig hat, dann wird es ganz groß"*, sterben kann, *„wenn schon alles verkohlt ist."* Sowohl die spontanen Erklärungen, die Schwierigkeit der richtigen Attributierung als auch die Resultate lassen darauf schließen, dass die Begriffe „atmen", „sterben", „sich von alleine bewegen" etc. weder von den Kindern noch von den Jugendlichen und Erwachsenen so aufgefasst wurden wie intendiert. Das biologische Vorwissen wurde nicht einmal von den erwachsenen Versuchsteilnehmern zur Erklärung eingesetzt.

Beachtet man nicht nur die 14 festgelegten Objekte, sondern auch die Vorstellungen der Versuchspersonen und die zusätzlichen Objekte, welche im Verfahren III+ besprochen werden konnten, konnte nur bei einer Versuchsperson (Jan) kein animistisches Konzept aufgezeigt werden. Die Versuchsperson Paul, welche bei den 14 festgelegten Objekten hinsichtlich des Begriffes „Leben" keine animistischen Aussagen traf, wies sehr wohl animistische Tendenzen unabhängig von den 14 festgelegten Objekten auf, welche im Verfahren III+ aufgenommen werden konnten. Zwei Versuchspersonen, welche ebenfalls in den Verfahren keine animistischen Tendenzen aufzeigten (Sarah, Ben), schilderten dennoch in Verfahren III+ interessante Annahmen: die Belebung der Kuscheltiere (Ben), die Vorstellung über Willensimpulse (Sarah), welche jedoch aufgrund der Hypothesen nicht in die Bewertung einfließen konnten.

Die Bewegung ist kein ausschließliches Kriterium, um zwischen dem Lebendigen und Unlebendigen zu unterscheiden, stellt aber ein signifikantes Merkmal dar. Weitere Vergleiche bezogen sich vor allem auf den Menschen.

Das Alter der Versuchspersonen ist nicht zwangsläufig analog mit dem Piagetschen Stadienmodell. Den Ergebnissen zufolge befinden sich vor allem die jüngeren Kinder in einem höheren Stadium bzw.

teilweise schon im vierten Stadium, nicht nur hinsichtlich des Konzeptes „Leben“, sondern auch zum Teil bezüglich des Bewusstseins. Eine Erklärung dafür ist bei Piaget zu finden.

> Dreierlei Faktoren haben tatsächlich die Tendenz, die aufgestellte Reihenfolge der Stadien teilweise umzukehren: die Systematisierung, die Bewusstwerdung und das Vokabular. (...) Das Denken geht (...) gewissermaßen spiralig vor: Auf die implizite und nicht begründete Überzeugung folgt der Zweifel und auf den Zweifel die reflektierte Reaktion, aber die Reflexion wird ihrerseits durch neue implizite Tendenzen untergraben (...). So lässt sich erklären, weshalb zahlreiche ältere Kinder animistischer zu denken scheinen als ihre jüngeren Kameraden. (...) Dem Kind (gelingt es) beim Sprechen ebenso wenig wie bei uns Erwachsenen (...), sein Denken genügend klar zu formulieren. (...) Dieser beständige Mangel an Koordination zwischen dem formulierten und dem impliziten Denken hat zur Folge, dass ein Kind bei der Befragung einmal animistischer, ein anderes Mal weniger animistisch erscheint, als es wirklich ist“ (Piaget, 1988, S. 176).

Weiterhin sind die geringen animistischen Haltungen, welche bei den jüngeren Kindern bezogen auf die 14 festgelegten Objekte in Verfahren III und III+ (Ben, Jan, Sarah) anzutreffen waren, durch die Schwierigkeiten, welche sich in der Befragung generell in diesem Alter ergeben, und durch die Stadienverschiebung zu belegen.

> Wir haben nämlich 5-6jährige Kinder gefunden, die spätere Stadien erreicht hatten. Und wir haben insbesondere 4-5jährige angetroffen, die allem Anschein nach sehr wenig animistisch waren. Analysiert man jedoch diese Antworten, indem man die Befragungsschwierigkeiten in diesem Alter (...) berücksichtigt, so bemerkt man, dass die Widerstände des Kindes vor allem verbaler Ordnung sind. (...) Daraus ergeben sich die Abweichungen, die die Befragung auf dieser Altersstufe enthüllen (vgl. Piaget, 1988, S. 165).

Da Piaget vorwiegend Kinder im Alter zwischen 6-12 Jahren befragt hatte – denn generell ging er davon aus, dass eine Befragung bei jüngeren Kindern nicht möglich wäre, da „der Animismus der jüngeren Kinder (...) viel impliziter und nicht formulierbar (ist)“ (Piaget, 1988, S. 191) und zusätzlich bei drei- bis vierjährigen Kindern noch keine Fragen gestellt werden können, da das Wort „Leben“ noch nicht bekannt ist (vgl. Piaget, 1988, S. 181) – scheinen die Schwierigkeiten der verbalen Befragung dieser jungen Kinder (Jakob, Anna) und der Kinder, bei denen eine Befragung nicht durchzuführen war und welche aus der Untersuchung ausgeschlossen wurden, nicht verwunderlich. Wie schon in Punkt 3.8 erklärt, wurden diese jungen Versuchspersonen in die Untersuchung integriert, um eine Vergleichbarkeit zu den Verfahren von Huang und Lee (1945) und Beveridge und Davies (1983) zu haben.

Der kindliche Animismus ist kein altersabhängiges Phänomen, denn animistische Tendenzen ließen sich auch bei den Jugendlichen und Erwachsenen feststellen. Die Auffassungen von Dennis (1953), Bell (1954), Crannell (1954) könnten somit auch hier eine Begründung finden. Bestätigung findet dies auch durch die Aussage von Buggle und Westermann-Duttlinger (1987), da sie annahmen, „(...) das(s) animistisches Denken nicht *nur* ein vorübergehendes Entwicklungsphänomen (...) (ist), sondern (...) eine auch noch für das Erwachsenenalter wichtige Konzeptualisierungsform darstellt" (S. 19).

Auffällig in dieser Untersuchung ist, dass das Bewusstsein eher einem unlebendigen Objekt zugesprochen wird als eine Lebendigkeit. Analoge Resultate und eine Anmerkung für dieses Phänomen sind bei Piaget zu finden.

> Der Begriff Leben scheint (...) alles in allem für das Kind weniger weit zu gehen als der Begriff Bewusstsein. Dieses Ergebnis ist bei den jüngeren Kindern besonders auffällig. Anders gesagt, die Kinder, die in bezug auf das Bewusstsein im ersten oder zweiten Stadium sind, befinden sich im allgemeinen in bezug auf das Leben in einem fortgeschritteneren Stadium (Piaget, 1988, S. 186).

Aufgrund der ausgeprägten animistischen Tendenzen der jugendlichen und erwachsenen Versuchspersonen, welche mit denen der Kinder zu vergleichen sind, kann ein Wissensdefizit für animistische Vorstellungen nicht belegt werden. Die Bewegung spielte hierbei, wie bei den Kindern, eine ausgeprägte Rolle. Die jugendlichen und erwachsenen Versuchspersonen setzten ihr erlerntes, vornehmlich biologisches Wissen nicht ein, um ihre Annahmen zu belegen. Demnach kann ein Vergleich zwischen animistischen Vorstellungen und defizitärem Wissen nicht gezogen werden.

Betrachtet man den Umgang bzw. das Verhalten der Versuchspersonen bezüglich der verschiedenen angewendeten Verfahren, so verlief V.I am wenigsten problematisch, da, abgesehen von den Versuchspersonen Isabel und Lena, die Urteile schnell und ohne längere Überlegungen erfolgten. Die Kartensortieraufgabe, V.II, konnte bezüglich des Begriffes „Leben“ von allen Versuchspersonen schnell abgehandelt werden. Die Zuschreibung bzw. Aberkennung der biologischen Eigenschaften hingegen brachte generell Schwierigkeiten mit sich. Verfahren III konnte von allen Versuchspersonen bewältigt werden, wobei anzumerken ist, dass die jüngeren Versuchspersonen teilweise ihr Urteil nicht begründen konnten. Obwohl der Verlauf des Verfahrens III+ subjektbezogen und situationsbedingt zu bewerten ist, kann dennoch eine generelle Aussage getroffen werden. Verfahren III+ gewährleistete am besten einen Einblick in das jeweilige „Weltbild“ der Versuchspersonen.

Einige der Versuchspersonen verwendeten animistische Erklärungen zur Aberkennung der Lebendigkeit oder des Bewusstseins unlebendiger Objekte. Ob dieser Gebrauch animistischer Sprache als Auswirkung bzw. Suggestion des generellen Gesprächstenors zu bewerten ist oder ob er als weiteres Indiz für animistische Tendenzen anzusehen ist, wäre weiter zu beleuchten. Dieses Phänomen konnte in der vorliegenden Arbeit nicht weiter berücksichtigt werden. Ansätze zu der Beurteilung dieser Aussagen lassen sich bei Smeets (1973, S. 224) finden.

Hypothese 4 könnte als überflüssig angesehen werden, wurde aber aufgrund der Folgerichtigkeit integriert. Hypothese 5 konnte in vielen Fällen nicht genau überprüft werden und scheint etwas ungenau, da sich die Hypothese auf vorangegangene Ergebnisse stützt. Dennoch kann sie vertreten werden, da die Erhebung des animistischen Konzeptes vor allem auch durch die Abfrage von Anthropomorphismen zu belegen ist.

Ausblick: Um den kindlichen Animismus nicht nur situationsbedingt zu untersuchen, sollte der Fokus auf Längsschnittuntersuchungen, welche sowohl die reine Beobachtung als auch ein verbales Verfahren berücksichtigen, gelegt werden.

5 Fazit

Der kindliche Animismus ist ein Phänomen, welches existiert.

Ein Kind zu fragen, ob ein gewisser Gegenstand lebendig, unlebendig oder mit Anthropomorphismen ausgestattet ist, und die Vorstellungen des Kindes in Form eines verbalen Verfahrens zu überprüfen, welches geschilderte Erlebnisse und Geschichten berücksichtigt, stellt das „ausschließliche" Verfahren dar, um das animistisch-anthropomorphe Konzept zu erfassen, da „(…) in der Sprache allein das menschliche Innere seinen vollständigen, erschöpfenden und objektiv verständlichen Ausdruck (…)" (Dilthey, 1966, S. 15) findet. Die Betrachtung von Sprache und Verhalten erlaubte es mir in meiner Arbeit, diese Objektivität wiederum zu subjektivieren.

Die Erhebung des kindlichen Animismus stellt nur eine Momentaufnahme des Phänomens dar und lässt aufgrund des engen Fokus auf vorangegangene Studien weitere Spekulationen offen.

Aus meiner Sicht werden lebensphilosophische Grundfragen an die Kinder gestellt und die Antworten werden aus einem erwachsenen Verständnis heraus behandelt. Fraglich ist, ob das erwachsene „Weltbild" in der Lage ist, das kindliche „Weltbild" zu verstehen.

Ein Paradoxon besteht in der Untersuchung des Phänomens „Wissenschaft vs. Weltbild." Der für den Menschen individuelle und subjektiv reale Bezug zur Welt, welcher für das Individuum verschieden stark ausgeprägte emotionale Bezüge hält, wird verwissenschaftlicht und es wird versucht, diese subjektive Realität auf Standards festzulegen.

> Die Entpersönlichung, der der Mensch sich selbst unterwirft, indem er Subjekt des reinen Denkens zu werden strebt, hat zum Korrelat eine Weltentleerung, die Entsinnlichung und Sinnaustilgung in einem ist (Litt, 1952, S. 37).

6 LITERATURVERZEICHNIS

Baillargeon, R. (1986). Representing the existence and the location of hidden objects: Object permanence in six- and eight- month-old infants. Cognition, 23, S. 21–41.

Baßler, W. (1995). Hermeneutik und Psychoanalyse. Überarbeitete Fassung eines Vortrages, gehalten am 20. Oktober am Philosophischen Seminar der Universität Warschau. (Unveröffentlicht).

Baßler, W. (2006). Methode; Hermeneutik; Interview in: Tsvasman, L.R.(Hrsg.) Das große Lexikon Medien und Kommunikation, S. 277–280; S. 128– 130; S. 179–182. Würzburg: ERGON Verlag

Baßler, W. (2007). Nach „Mittelerde" und zurück. Eine empirisch-qualitative psychologische Studie anhand Jacksons Verfilmung von J.R.R. Tolkiens Roman. Medienpädagogik (4). Berlin: LIT Verlag Dr. W. Hopf.

Bäuml-Roßnagl, M.-A. (1979). Sachunterricht in der Grundschule. Naturwissenschaft-technischer Lernbereich. München.

Bell, R.C. (1954). Additional data on animistic thinking. Scientific Monthly, 79, S. 67–69.

Berzonsky, M. D. (1971). The role of familiarity in children's explanation of physical causality. Child Development, 42, S. 705–715.

Berzonsky, M. D. (1973a). Some relationships between children's conceptions of psychological and physical causality. The Journal of Social Psychology, 90, S. 299–309.

Berzonsky, M. D. (1973b). A factor- analytic investigation of child animism. Journal of Genetic Psychology, 122, S. 287–295.

Berzonsky, M. D. (1974). Reflectivity, internality and animistic thinking. Child Development, 45, S. 785–789.

Berzonsky, M. D. (1988). Child animism: Situational influences and individual differences. Journal of Genetic Psychology, 149, S. 293–303.

Berzonsky, M.D., Millder, P.h., Woodey- Ramsey, J. & Harris, Y. (1988). The relationship between children's judgements of animacy and sentiency: Another look. Journal of Genetic Psychology, 149, S. 223–238.

Beveridge, M. & Davies, M. (1983). A picture-sorting approach to the study of child animism. Genetic Psychology Monographs, 107, S. 211–231.

Brown, L. B. & Thouless, R.H. (1965). Animistic thought in civilized adults. The Journal of Genetic Psychology, 107, S. 33–42.

Bruce, M. (1941). Animism vs. evolution of the concept "alive". The Journal of Psychology, 12, S. 81–90.

Buggle, F. & Westermann-Duttlinger, H. (1987). Nr. 41. Animismus als alternative Weise des Welterlebens. Theoretische Überlegungen und empirische Forschungsergebnisse. Forschungsberichte des Psychologischen Instituts der Albert-Ludwigs-Universität Freiburg i.Br.

Bullock, M. (1984). Preschool children's understanding of causal connections. British Journal of Developmental Psychology, 2, S. 139–148.

Bullock, M (1985). Animism in childhood thinking: A new look at an old question. Developmental Psychology, 21, (2), S. 217–225.

Bullock, M. & Gelman, R. (1979). Preschool children's assumptions about cause and effect: Temporal ordering. Child Development, 50, S. 89–96.

Bullock, M., Gelman, R. & Baillargeon, R. (1982). The development of causal reasoning. In: W. J. Friedman (Ed.), The developmental psychology of time. S. 209–254. New York: Academic Press.

Carey, S. (1985). Conceptual change in childhood. Cambridge: MIT Press.

Crannell, C.N. (1954). Responses of college students to a questionnaire on animistic thinking. Scientific Monthly, 79, S. 54–56.

Crowell, D.H. & Dole, A.A. (1957). Animism in college students. Journal of Educational Research, 50, S. 391– 395.

Dahm, A. (1995). McDonald's. Die gepflegte Gier. Eine psychomorphologische Analyse zur Kultivierung des Unkultivierten. Berlin: Friedling.

Dennis, W. (1943). Animism and related tendencies in Hopi children. Psychological Review, 38, S. 21–36

Dennis, W. (1953). Animistic thinking among college and university students. Scientific Monthly, 76, S. 246–249.

Dennis, W. (1957). Animistic thinking among college and high school students in the near east. The Journal of Educational Psychology, 48, (4), S. 193–198.

Dennis, W. & Mallinger, B. (1949). Animism and related tendencies in senescence. Journal of Gerontology, 4, S. 218–221.

Dennis, W. & Russel, R.W. (1940). Piaget's questions applied to Zuni children. Child Development, 11, (3), S. 181–186.

Deutsche, J.M. (1937). The development of children's concepts of causal relations. Minneapolis: University of Minnesota Press.

Dilthey, W. (1966). Die Entstehung der Hermeneutik, in: Oppolzer, S. (Hrsg.) Denkformen und Forschungsmethoden der Erziehungswissenschaft. Hermeneutik; Phänomenologie; Dialektik; Methodenkritik, (1), S. 13–24. München: Ehrenwirth Verlag.

Dilthey, W. (1957). Ideen über eine beschreibende und zergliedernde Psychologie. Die geistige Welt in: Gesammelte Schriften, (5), S. 139–240, Stuttgart.

Dolgin, K. G. & Behrend, D.A. (1984). Children's knowledge about animates and inanimates. Child Development, 55, S. 1646–1650.

Eschenhagen, D. (1968). Der naturkundliche Bereich im Sachunterricht der Grundschule. Die Grundschule, 4, S. 41–47.

Ferenczi, S. (1913). Entwicklungsstufen des Wirklichkeitssinns. Internationale Zeitschrift für ärztliche Psychoanalyse, (1), S. 124–138.

Follman, J. (1969). Reliabilities of the magical thinking test and an animism questionair, and the relationship between the tests. Perceptual and Motor Skills, 29, S. 609–610.

Freud, S. (1940). Gesammelte Werke. Chronologisch geordnet. Neunter Band . Totem und Tabu. Einige Übereinstimmungen im Seelenleben der Wilden und der Neurotiker. Frankfurt a. M.: Fischer Verlag.

Gallant, R. A. (1981). Pitfalls of personification. Science and Children, 19, (2), S. 16–17.

Gebhard, U. (1994). Kind und Natur. Die Bedeutung der Natur für die psychische Entwicklung. Opladen: Westdeutscher Verlag.

Gelman, R. (1988). The development of inductions within natural kind and artifact categories. Cognitive Psychology, 20, S. 65–95.

Gelman, S. & Medin, D. (1993). What's so essential about essentialism? A different perspective on the interaction of perception, language, and conceptual knowledge. Cognitive Development, 8, S. 157–167.

Gelman, R. & Spelke, E. S. (1981). The development of thoughts about animate and inanimate objects. Implications for research on social cognition. In: J. H. Flavell & L. Ross (Eds.), Social cognitive development: Frontiers and possible futures. Cambridge, England: Cambridge University Press, 2, S. 43–66.

Gelman, R., Spelke, E. S., Meck, E. (1983). What preschoolers know about animate and inanimate objects. In: Rogers, D. & Sloboda, J. (Hrsg.), The acquisition of symbolic skills, S. 297–326. New York: Plenum.

Golinkoff, R. & Harding, C. (1980). Infant's expectations of the movement of inanimate objects. Paper presented at the International Conference of Infant Studies, New Haven. Connecticut.

Hagleitner, L. (1981). Der sogenannte kindliche Animismus zur Entwicklung des Begriffs „Leben" beim Kind. Dissertation. Universität Salzburg.

Hagleitner, L. (1983). Der sogenannte Animismus beim Kind. Praxis der Kinderpsychologie, 32, S. 261–266.

Hirschberg, W. (1999). Wörterbuch der Völkerkunde. Berlin: Dietrich Rheimer Verlag.

Holland, V.M. & Rohrmann, N.L. (1979). Distribution of the feature (+animate) in the lexicon of the child. Journal of Psycholinguistic Research, 8, (4), S. 367–378.

Hughes, A. (1973). Anthropomorphism, teleology, animism, and personification- why they should be avoided. Science and Children, 10, S. 10–11.

Huang, J. (1943). Children's conception of physical causality: A critical summary. The Journal of Genetic Psychology, 63, S. 71–121.

Huang, J. & Lee, W.H. (1945). Experimental analysis of child animism. The Journal of Genetic Psychology, 66, S. 69–74.

Inagaki, K. & Sugiyama, K. (1988). Attributing human characteristics: Developmental changes in over- and underattribution. Cognitive Development, 3, S. 55–70.

Isaacs, S. (1929). Critical notes: The child's conception of the world, by J. Piaget. Mind, 38, S. 506–513.

Jahoda, G. (1958). Child animism: I. A critical survey of cross- cultural research. Journal of Social Psychology, 47, S. 197–212.

Jaspers, K. (1959). Allgemeine Psychopatholoie. 7. Aufl. Berlin / Göttingen / Heidelberg: Springer- Verlag,

Johnson, E.C. & Josey, C.C. (1931). A note on the development forms of children as described by Piaget. The journal of abnormal and social psychology. 26, S. 338–339.

Kallery, M. & Psillos, D. (2004). Anthropomorphism and animism in early years science: why teachers use them, how they conceptualise them and what are their views on their use. Research in Science Education, 34, S. 291–331.

Keil, F. C. (1989). Concepts, kinds, and cognitive development. Cambridge, MA: MIT/Bradbury Books.

Keil, F. C. (1991). The emergence of theoretical beliefs as constraints on concepts. In S. Carey & R. Gelman (Eds.), The epigenesis of mind: Essays on Biology and Cognition, S. 237–321. Hillsdale: Erlbaum.

Klingberg, G. (1957). The distinction between living and not living among 7– 10– year- old children, with some remarks concerning the so- called animism controversy. Journal of Genetic Psychology, 90, S. 227–238.

Klingensmith, S. W. (1953). Child animism: what the child means by „alive". Child Development, 24, (1), S. 51–61.

Laurendeau, M. & Pinard, A. (1962). Causal thinking in the child. New York: International Universities Press.

Lemke, J. L. (1990). Talking science: language, learning, and values. Norwood, NJ: Ablex Publishing.

Leslie, A. M. & Keeble, S. (1987). Do six-month-olds perceive causality? Cognition, 25, S. 265–288.

Lester, D. (1967). A suggested approach to the study of "animism" in adults. Psychological Reports, 20, S. 934.

Lester, D. (1970a). Animism and intolerance of ambiguity. Psychological Reports, 26, S. 966.

Lester, D. (1970b). Correlates of "animism" in adults. Psychological Reports, 27, S. 806.

Litt, T. (1952). Naturwissenschaft und Menschenbildung. Heidelberg: Quelle & Meyer.

Looft, W. R. (1973). Animistic thought in children: effect of two response modes. Perceptual and Motor Skills, 36, S. 59–62.

Looft, W. R. (1974). Animistic thought in children: understanding of "living" across its associated attributes. The Journal of Genetic Psychology, 124, S. 235–240.

Looft, W. R. & Bartz W. H. (1969). Animism Revived. Psychological Bulleting, 71, S. 1–19.

Looft, W. R. & Charles, D. C. (1969). Modification of the life concept in child. Developmental Psychology, 1, (4), S. 445.

Lowrie, D. C. (1954). Additional data on an animistic thinking. Scientific Monthly, 79, S. 69–70.

Lucas, A. M., Linke, R. D. & Sedgwick, P. P. (1979). Schoolchildren's criteria for "alive": A content analysis approach. The Journal of Psychology, 103, S. 103–112.

Lück, G. (2001). Wenn die unbelebte Natur im Sachunterricht beseelt wird. Die Rolle der Animismen im Vermittlungsprozess. In: J. Kahlert (Hrsg) Wissen, Können und Verstehen. Über die Herstellung ihrer Zusammenhänge im Sachunterricht, 11, S. 149–159.

Mähler, C. (1995). Weiß die Sonne, dass sie scheint? Eine experimentelle Studie zur Deutung des animistischen Denkens bei Kindern. Münster/New York: Waxmann.

Mähler, C. (1999). Naïve Theorien im kindlichen Denken. Zeitschrift für Entwicklungspsychologie und Pädagogische Psychologie, 31 (2), S. 53–66.

Manaster, G. J. (1980). Animism: Conceptual and/or psychometrically based confusion. Psychological Reports, 47, S. 121–122.

Massey, C. M. & Gelman, R. (1988). Preschooler's ability to decide whether a photographed unfamiliar object can move itself. Developmental Psychology, 24, S. 307–317.

Margand, N. A. (1977). Perceptual and semantic features in children's use of the animate concept. Developmental Psychology, 13, S. 572–576.

Mead, M. (1932). An investigation of the thought of primitive children, with special reference to animism. The Journal of the Royal Anthropological Institute of Great Britain and Ireland, 62, S. 173–190.

Mikulak, A. T. (1970). A note on Piaget's animism. The Journal of Experimental Education, 38, (3), S. 59–60.

Moriarty, D. M. (1961). Some observations on animism. The Psychiatric Quarterly, 35, (1), S. 156–164.

Nass, M. L. (1956). The effects of three variables on children's concept of physical causality. Journal of Abnormal and Social Psychology, 53, S. 191–196.

Oakes, M. E. (1947). Children' explanations of natural phenomena. Teachers College, Columbia University Contribution to Education, (926).

Opfer, J. E. (2002). Identifying living and sentient kinds from dynamic information: the case of goal- directed versus aimless autonomous movement in conceptual change. Cognition, 86, S. 97–122.

O-saki, K. M. & Samiroden, W. D. (1990). Children's conceptions of 'living' and 'dead'. Journal of Biological Education, 24, (3), S. 199–207.

Pauen, S. (1996a). Wie klassifizieren Kinder Lebewesen und Artefakte? Zur Rolle des Aussehens und der Funktion von Komponenten. Zeitschrift für Entwicklungspsychologie und Pädagogische Psychologie, 28, (1), S. 20–32.

Pauen, S. (1996b). Kategorisierung im Säuglingsalter: die Unterscheidung globaler Objektklassen. Zeitschrift für Experimentelle Psychologie, 43, S. 600–624.

Pauen, S. (1997). Überlebt der Animismus? Kritische Evaluation einer Hypothese zum präkausalen Denken. Zeitschrift für Entwicklungspsychologie und Pädagogische Psychologie, 29, (2), S. 97–118.

Pauen, S. & Zauner (1999). Differenzieren Kinder im vorsprachlichen Alter zwischen Menschen und Säugetieren? Zeitschrift für Entwicklungspsychologie und Pädagogische Psychologie, 31, (2), S. 78–85.

Piaget, J. (1988). Das Weltbild des Kindes. München: Deutscher Taschenbuchverlag.

Piaget, J. (1972). Urteil und Denkprozess des Kindes. Düsseldorf: Pädagogischer Verlag Schwann.

Poulin-Dubois, D., Lepage, A., & Ferland, D. (1996). Infants' concept of animacy. Cognitive Development, 11, S. 19–36.

Püttschneider, M. & Lück, G. (2004). Die Rolle des Animismus bei der Vermittlung chemischer Sachverhalte. CHEMKON, 11, (4), S. 167–174.

Richards, D. D. & Siegler, R. S. (1984). The Effects of Task Requirements on Children's Life Judgments. Child Development. 55, S. 1687–1696.

Richards, D. D. & Siegler, R. S. (1986). Children's Understanding of the Attribute of Life. Journale of Experimental Child Psychology. 42, S. 1–22.

Rubin, E. (1921). Visuell wahrgenommene Figuren: Studien in psychologischer Analyse. Kopenhagen.

Russel, R. W. (1940a). Studies in animism: II. The development of animism. The Journal of Genetic Psychology, 56, S. 353–366.

Russel, R. W. (1940b). Studies in animism: IV. An investigation of concepts allied to animism. Journal of Genetic Psychology. 57, S. 83–91.

Russel, R. W. (1942). Studies in animism V: Animism in older children. The Journal of Genetic Psychology, 60, S. 329–335.

Russel, R. W. & Dennis, W. (1939). Studies in animism: I. A standardized procedure for the investigation of animism. The Journal of Genetic Psychology, 55, S. 389–400.

Russel, R. W. & Dennis, W. (1941). Note concerning the procedure employed in investigating child animism. The Journal of Genetic Psychology, 58, S. 423–424.

Russel, R. W., Dennis, W. & Ash, F. E. (1940). Studies in animism: III. Animism in feebleminded subjects. The Journal of Genetic Psychology, 57, S. 57–63.

Sachs, H. (1912). Über Naturgefühle. Imago, 1, S. 119–131.

Salber, W. (1965). Morphologie des seelischen Geschehens. Ratingen: A. Henn Verlag.

Salber, W. (1969). Strukturen der Verhaltens- und Erlebensbeschreibung, in: Enzyklopädie der geisteswissenschaftlichen Arbeitsmethode. München, Wien.

Salber, W. (1983). Psychologie in Bildern. Bonn: Bouvier Verlag Herbert Grundmann.

Salber, W. (1991). Gestalt auf Reisen. Das System seelischer Prozesse. Bonn: Bouvier Verlag.

Salber, W. (2007). Wirkungseinheiten. Bonn: Bouvier Verlag.

Schwartz, R. G. (1980). Presuppositions and children's metalinguistic judgements: Concept of life and the awareness of animacy restrictions. Child Development, 51, S. 364–371.

Sharp, K. C., Candy-Gibbs, S., Barlow-Elliot, L. & Petrun, C. J. (1985). Children's Judgment and Reasoning About Aliveness: Effects of Object, Age, and Cultural/Social Background. Merrill-Palmer Quarterly, 31, (1), S. 47–65.

Simmons, A. J. & Gross, A. S. (1957). Animistic responses as a function of sentence contexts and instructions. The Journal of Genetic Psychology, 91, S. 181–189.

Slaughter, V. & Lyons, M. (2003). Learning about life and death in early childhood. Cognitive Psychology, 46, S. 1–30.

Smeets, P. M. (1973). The animism controversy revisited: A probability analysis. Journal of Genetic Psychology, 123, S. 219–225.

Smeets, P. M. (1974). The influence of MA and CA on the attribution of life and life traits to animate and inanimate objects. Journal of Genetic Psychology, 124, S. 17–27.

Springer, K. & Keil, F. (1991). Early differentation of causal mechanism appropriate to biological and nonbiological kinds. Child Development, 62, S. 767–781.

Strauss, A. L. (1951). The animism controversy: re- examination of Huang-Lee data. The Journal of Genetic Psychology, 78, S. 105–113.

Strauss, A. A. & Werner (1942). Disorders of conceptual thinking in the brain-injured child. The Journal of nervous and mental disease, 96, S. 153–172.

Subbotskii, E. V. (1985). Preschool children's perception of unusual phenomena. Soviet Psychology, 23, S. 91–114.

Sully, J.(1897). Untersuchungen über die Kindheit. Psychologische Abhandlungen für Lehrer und gebildete Eltern. Leipzig: Ernst Wunderlich Verlag.

Spelke, E. S. (1990). Principles of object perception. Cognitive Science, 14, S. 25–56.

Spelke, E. S. & Van de Walle (1993). Perceiving and reasoning about objects: Insights from infants. In N. Eilan, W. Berewer & R. McCarthy (Eds.), Spatial Representation. New York: Basil Blackwell.

Taber, K. S. & Watts, M. (1996). The secret life of the chemical bond: students' anthropomorphic and animistic references to bonding. International Journal of Science Education, 18, (5), S. 557–568.

Tamir, P. & Zohar, A. (1991). Anthropomorphism and teleology in reasoning about biological phenomena. Science Education, 75, S. 57–67.

Tul'viste, P. (1982). Is there a form of verbal thought specific to childhood? Soviet Psychology, 21, S. 3–17.

Tunmer, W. E. (1985). The acquisition of sentent-nonsentent distinction and its relationship to causal reasoning and social cognition. Child Development, 56, S. 989–1000.

Tylor, E. B. (1871). Primitive culture: researches into the development of mythology, philosophy, religion, language, art and custom. London: Murray.

Voeks, V. (1954). Sources of apparent animism in students. Scientific Monthly, 79, S. 406–407.

Vogel, G. (1978). Abbau von Anthropomorphismen im Sachunterricht. Sachunterricht und Mathematik in der Grundschule, 6, (3), S. 98–102.

Wagenschein, M. (1965). Die pädagogische Dimension der Physik. Braunschweig.

Watts, M. & Bentley, D. (1994). Humanizing and feminizing school science: reviving anthropomorphic and animistic thinking in constructivist science education. International Journal of Science Education, 16, (1), S. 83–97.

Wellman. H. M. (1990). The child's theory of mind. Cambridge, MA: MIT Press.

Wellman, H. M. & Gelman, S. A. (1992). Cognitive development: Foundational theories of core domains. Annual Review of Psychology, 43, S. 337–375.

Werner, H. & Carrison, D. (1944). Animistic thinking in brain- injured, mentally retarded children. The Journal of Abnormal and Social Psychology, 39, S. 43–62.

Wertheimer, M. (1923). Untersuchungen zur Lehre von der Gestalt, in: Psychologische Forschung. Zeitschrift für Psychologie und ihre Grenzwissenschaften, 4, S. 301–350.

Williamson, P. A. (1981). The effects of methodology and level of development on children's animistic thought. Journal of Genetic Psychology, 138, S. 159–174.

Williamson, P. A., Kelley, M. F. & Waters, B. C. (1982). Animistic thought in young children: effect of probing. Perceptual and Motor Skills, 54, S. 463– 466.

Wolfinger, D. M. (1982). Effect of science teaching on the young child's concept of piagetian physical causality: Animism and dynamism. Journal of research in science teaching, 19, S. 595–602.

Ziems, D. (1996). Thematische Frageperspektiven des tiefenpsychologischen Interviews in der morphologischen Wirkungsforschung, in: Zwischenschritte, 1, S. 75–86.

Zohar, A. & Ginossar, S. (1998). Lifting the taboo regarding teleology and anthropomorphism in biology education – heretical suggestions. Science education. National Association for Research in Science Teaching, 82, (6), S. 679–697.

7 AUSZUG, TEXTBAND/ANHANG

7.1 Protokoll Karl

Verfahren I

Lebendig

- Baum, Pferd, Fisch, Feuer, Tisch, Bach, Stein, Wolke, Vogel, Blume

Unlebendig

- Mond, Fahrrad, Auto, Uhr

Verfahren II

Lebendig

- Baum: wachsen, sterben, sich von alleine bewegen
- Blume: wachsen, sterben, sich von alleine bewegen
- Pferd: hören, sehen, fühlen, atmen, laufen, wachsen, sterben, denken, sich von alleine bewegen
- Fisch: hören, sehen, fühlen, atmen, wachsen, sterben, denken, sich von alleine bewegen
- Vogel: /
- Mond: wachsen
- Tisch: /
- Stein: /
- Fahrrad: /
- Feuer: atmen, sich von alleine bewegen, laufen – wenn es sich *„verbreitet"*, wachsen – wenn es sich *„verbindet"*, sterben – wenn es *„gelöscht"* wird.
- Bach: laufen – *„weil er fließt"*, wachsen – wenn er sich mit anderen Flüssen *„verbindet"*, sich von alleine bewegen
- Wolke: wachsen – wenn sie sich *„voll saugt"*, sterben – wenn sie sich *„auflöst"*

Unlebendig

- Auto:/
- Uhr: laufen - *„weil sie immer im Kreis läuft"*, sich von alleine bewegen

Verfahren III

Lebendig

- Baum: „weil er wächst ja mit dem Wasser (...), da saugt der sich ja voll und wächst immer mehr"

- Pferd: „es kann ja reiten, da können ja Menschen drauf reiten (...)"
- Vogel: weil „er kann fliegen, kann zwitschern, kann laufen" etc.
- Fisch: es kann keine Begründung abgegeben werden
- Blume: „weil sie ja wächst"

Unlebendig

- Mond: „weil der Gott den Mond (...)" gemacht hat
- Fahrrad: „weil ja der Mensch mit dem fährt"
- Auto: „weil wir Menschen es steuern..., des ist ja selbst gebaut"
- Uhr: „weil man's ja gemacht hat mit Batterie und solchen Drähten und solchen spitzen Teilen, das es sich immer dreht"
- Bach: „weil er halt nicht lebendig ist..., ich weiß nicht, keine Ahnung..., warum der nicht lebendig ist"
- Wolke: es kann keine Begründung abgegeben werden
- Stein: es kann keine Begründung abgegeben werden
- Tisch: „Nein, des ist des gleiche wie vorhin, des ist auch zerhackt worden erst"

Unbestimmt

- Feuer: es ist *„einigermaßen, also halbe, halbe"* lebendig, weil *„des muss man ja anzünden"* aber es kann sich von selbst verbreiten

Verfahren III+

Baum	Baum lebendig oder nicht lebendig? – *Er ist lebendig.* – Und warum glaubst du des? – *Weil er wächst ja mit dem Wasser und so, da, da saugt der sich ja voll und wächst immer mehr.* – Mhm..., und meinst du, letztens bist du auf nen Baum geklettert. – *Ja.* – Und meinst du, der Baum hat des gefühlt, dass du da drauf geklettert bist? – *Nein.* – Ää (nein), warum kann der des nicht fühlen? – *Ähm..., weiß ich nicht.* – Weißt du nicht..., und meinst du, der hat es, der wusste, dass du auf dem Baum bist, oder wusste der des nicht? – *Ne.*– Ää (nein)..., und guck mal, wenn du n Stück von der Rinde abmachst vom Baum, spürt der des? – *Ja.* – Was spürt der da? – *Des ist ja seine Haut und die ist ja dann offen.* – Mhm..., meinst du, des ist so wie bei *uns (unterbricht).* – *Ja.* – Ja? ..., aha.
Pferd	Ist ein Pferd lebendig oder nicht lebendig? – *Doch er ist lebendig.* – Und warum? – *Es kann ja reiten, da können ja Menschen drauf reiten und..., hm..., weil er halt lebendig ist (lacht).* – (lacht), weil er halt lebendig ist.
Mond	Ist der Mond lebendig oder nicht lebendig? – *Nein.* – Und warum glaubst du des? – *Weil der Gott den Mond und ähm die Sonne tut er ja immer, also so am Anfang kommt die Sonne und dann kommt der Mond, des macht alles der Gott.* – Mhm..., wie meinst du des am Anfang kam die Sonne und dann der Mond? – *Weil erst ist ja der helle Tag, wo man spielen und der Abend da kommt der Mond raus.*– Mhm und meinst

	du..., wie passiert des? – *Des macht der Gott.* – Und wie macht der des? – *(grinst) weiß ich nicht.* – Des weißt du nicht? ..., sagt der, jetzt ist Schluss Sonne und dann tut der den Mond an den Himmel? ...oder – *Der macht des halt, wenn die Stunde kommt, wie beim Mond.* – Mhm..., nach so und so viel Stunden, dann macht der des? – *Ja.* – Der Mond ist ja nicht immer rund. – *Ja.* – Und wie, wie passiert des, dass der kleiner wird? – *Weiß ich nicht.*– Weißt du nicht..., kannst du dir nicht vorstellen? – *Ne.* – Und wo ist der Mond, wenn die Sonne da ist? – *Bei den anderen Ländern gegenüber.* – Mhm..., und guck mal, wenn man den Mond anfassen könnte oder als die Astronauten auf dem Mond gelandet sind, meinst du, der Mond hat des gespürt, dass da jetzt jemand drauf ist? – *Nö..., des tät der nie im Leben spüren, weil der ja so heiß ist.* – Mhm. – *Wie die Sonne auch, einmal drauf und du bist tot.* – Mhm.
Fahrrad	Ist ein Fahrrad lebendig oder nicht lebendig? – *Ne, ist es nicht.* – Und warum nicht? – *Weil ja der Mensch mit dem Fahrrad fährt.* – Mhm..., und wann wäre es lebendig? – *Gar nicht.* – Und wenn du auf dem Fahrrad fährst, spürt des Fahrrad des, dass du da sitzt? – *Nö.*– Ää (nein)...
Fisch	Ist ein Fisch lebendig oder nicht lebendig? – *Ja.* – Und warum? – *(lacht) weiß ich nicht.* – Überleg mal. – *Ich weiß es aber nicht.* – Weil der vielleicht schwimmen kann? – *Schwimmen kann, ja.* – Und vielleicht was noch so? – *Fressen.* – O.K...., und wenn man n Fisch anlangt, spürt der Fisch des? – *Ja.* – Ja, also gut.
Feuer	Ist ein Feuer lebendig oder nicht lebendig? – *Ja..., einigermaßen also halbe halbe.* – Dann sag mir mal die halbe, halbe. – *Ja, weil des Feuer, des muss man ja anzünden und es verbreitet sich ja, aber ich weiß nicht, ob des mitzählt deswegen.* – Mhm..., erklär mir noch mal genau, man kann ja verschiedene Ansichten haben. – *(überlegt).* – Also, lebendig ist es, weil es sich verbreiten kann, und nicht lebendig, denkst du, weil was? – *Weil man's löschen kann....* – Mhm..., und ähm meistens verbrennt man ja Holz im Feuer. – *Jop.* – Ähm..., meinst du, des Holz spürt, dass es verbrannt wird? – *Nein.* – Warum nicht? – *Weil's schon davor tot gemacht worden ist.* – Und wie? – *Es wird ja..., dem Baum, den kann man ja zerhacken.* – Mhm. – *Und dann ist er ja tot, weil des, weil, weil wenn man uns zerhacken würde einmal, dann wären wir ja auch tot.* – Mhm..., also spürt des brennende Holz nicht die Hitze und dass es brennt halt. – *Ja.* – Mhm. – *Weil's ja schon vorher tot ist..., weil wenn wir tot sind, die Menschen, dann verbrennen manche Menschen, die wollen des dann, dann verbrennen die des und dann sind die nur noch Asche, die Menschen, und des kann man dann behalten und kann des dann zum Andenken von ihm.* – Mhm..., eine Urne. – *Ja.*
Tisch	Ist ein Tisch lebendig oder nicht lebendig? – *Nein, des ist des gleiche wie vorhin, des ist auch zerhackt worden erst.* – Mhm..., und also wenn ich was auf dem Tisch drauf stell, weiß der Tisch dann, dass da was steht z.B. Essen und Teller *(unterbricht).* – *Nö.* – Ää (nein)..., und wenn ich drauf hau auf den Tisch *(unterbricht).* – *Spürt der nicht, auch*

	nicht. – Auch nicht, aber der Baum, wenn er noch lebendig ist, der spürt dann was? – *Ja.*
Bach	Ist ein Bach lebendig oder nicht lebendig? – *Nein.* – Nein, und warum nicht? – *Weil er halt nicht lebendig ist…, ich weiß nicht, keine Ahnung…, warum der nicht lebendig ist.* – Mhm…, o.k.…, ach guck mal, wenn du deine Füße, wenn du barfüssig in den Bach rein gehst, meinst du, der Bach spürt, dass du da drin stehst? – *Nö.* – Und weiß der des? – *Nö.* – Ää (nein) und spürt der die Steine, die da drin sind, dass der die auswäscht? – *Nö.* – Ää (nein)…, und wenn ich n Stein in den Bodensee reinschmeiße…, merkt der See *(unterbricht).* – *Ne.* – Und der Stein *(unterbricht).* – *Auch nicht.* – Auch nicht, o.k.
Auto	Ist ein Auto lebendig oder nicht lebendig? – *Nein.* – Warum nicht? – *Weil wir Menschen es steuern…, des ist ja selbst gebaut.* – Mhm. – *Das hat ja Automotore, des hätt's ja nicht gebraucht, aber ähm, 2097 da ähm…, äh 57 da sollte ähm so Autos geben, da muss man nicht mehr selbst steuern, da kann man ähm mit Leuten so reden und schwätzen und des Auto steuert sich von alleine.* – Mhm. – *Des versuchen die Wissenschaftler ähm in dieser Zeit hinzukriegen.* – Mhm…, des ist im Fernsehen gell. – *Ja.* – Mein Freund hat mir auch schon von der Sendung erzählt, ich hab die noch nie gesehen. – *Die kommt am Sonntag.* – Immer Sonntags. – *Ja Ki.ka.* – Ah…, o.k., muss ich auch mal angucken, um wie viel Uhr? – *Hm…, nach Au Schwarte.* – Ah, o.k…, hör mal letztens, ach ne, letzten Sonntag habt ihr Film geguckt, deswegen. – *Was?* – Letzten Sonntag oder, da war ich doch da. – *Ja.* – Ah ja genau, deswegen haben wir das nicht geguckt…, also ein Auto ist nicht lebendig…, und spürt 'n Auto, wenn man sich reinsetzt? – *Nein.* – Oder dass man des Lenkrad lenkt. – *Ne nichts.* – Gar nichts…, o.k.
Uhr	Ist eine Uhr lebendig oder nicht lebendig? – *Nein.* – Und warum nicht? – *Weil man's ja gemacht hat mit Batterien und solchen Drähten und solchen spitzen Teilen, dass es sich immer dreht.* – Mhm…, und weiß die Uhr, dass sie sich dreht? – *Nein, sie weiß nichts.* – Sie weiß nichts, also gut.
Stein	Ist ein Stein lebendig oder nicht lebendig? – *Ein Stein ist nicht lebendig.* – Und warum nicht? – *Weil, weiß ich nicht, weiß ich nicht.* – Kannste dir nicht vorstellen. – *Nein.* – Und wenn ich zwei Steine aneinander hau *(unterbricht).* – *Da passiert nichts.* – Spüren die des? – *Nein.* – Und wenn ich über Steine drüberspringe, hasste bestimmt auch schon gemacht, von einem Stein zum anderen. – *Ja.* – Und ähm, spürt der des, dass ich da springe? – *Ne.* – Ää (nein)…, und wenn ich n Stein in die Hosentasche stecke, weiß der, dass er in der Hosentasche ist? – *Nein.* – Also, des kann nichts spüren und nichts wissen? – *Ja.* – O.k.
Wolke	Ist eine Wolke lebendig oder nicht lebendig? – *Hm…, (überlegt lange) weiß ich nicht (wird langsam etwas quengelig).* – Weißt du nicht? – *Nein.* – Kannste dir nicht vorstellen? – *Nö.* – Guck mal die Wolken *(unterbricht).* – *Ne die sin nicht lebendig (laut).* – Ää (nein). – *Weil der Wind der tut die Wolken ja vorantreiben.* – Mhm…, und wenn se des von alleine könnten, sich bewegen? – *Dann wär'n sie ja lebendig.* – Mhm…, und

	sag mal, ist dann der Wind lebendig? – *Nö..., weil wir Menschen können ja auch Wind machen, wenn wir pusten (er pustet gegen seine Hand).* – Mhm..., mhm..., ja jetzt hab ich es gespürt am Fuß..., also ist der Wind und die Wolke nicht lebendig. Weiß denn der Wind, dass er ähm Wolken vor sich her pustet? – *Nö.* – Ää (nein)..., und wenn er gegen eine Hausmauer bläst z.B. – *Nö, passiert nichts.*
Vogel	Ist ein Vogel lebendig oder nicht lebendig? – *Doch, er kann ja fliegen, kann zwitschern, kann laufen, er kann fressen, er kann denken, er kann, was kann er denn noch..., er kann wachsen..., er kann vieles.* – O.k...., und kann er auch spüren, wenn ich den streichle? – *Ja.*
Blume	Ist eine Blume lebendig oder nicht lebendig? – *Ja.* – Und warum? – *Weil sie ja wächst.* – Mhm...., und wenn ich die abpflücke, spürt die des oder spürt die des nicht? – *Ja..., ne dann nicht.* – Spürt sie nicht, also das Abpflücken spürt sie nicht? – *Nö.* – Warum meinst du kann die des nicht spüren und warum kann der Baum des spüren, wenn ich die Rinde ab mach? – *Ähm..., weiß ich nicht.* – Aber du denkst, die Blume kann des nicht fühlen. – *Ja.* – Also, wenn ich n Strauss mach, dann ist des der Blume wurscht, dass ich die jetzt rein stelle. – *Mhm.* – Jetzt frag ich dich noch mal was ganz anderes, und zwar Regen, wie kommt denn der Regen aus der Wolke? – *Nämlich wenn die Sonne aufs Meer scheint, dann verdunstet Wasser und das ist immer noch Wasser, Wasserdampf, des kann ja erst später Wasser werden und dann wird's halt ne Wolke und wenn die Wolke zu viel von dem Wasser hat, dann und dann schüttet se halt Wasser ab.* – Mhm..., und meinst du, des Wasser weiß dann, wo es runter kommt, dass es jetzt auf W. (Ort) fällt. – *Nö, nö, nö.*

7.2 Protokoll Nina

Verfahren I

Lebendig

- Baum, Blume, Vogel, Pferd, Fisch, Mond, Wolke

Unlebendig

- Fahrrad, Auto, Feuer, Tisch, Bach, Stein, Uhr

Verfahren II

Lebendig

- Baum: wachsen, sterben, sich von alleine bewegen
- Blume: wachsen
- Vogel: hören, sehen, fühlen, atmen, laufen, wachsen, sterben, denken, sich von alleine bewegen
- Pferd: hören, sehen, fühlen, atmen, laufen, sterben, denken, sich von alleine bewegen

- Fisch: hören, sehen, fühlen, atmen, laufen, wachsen, sterben, denken
- Bach: sich von alleine bewegen.
- Wolke: hören, fühlen, denken, sich von alleine bewegen
- Mond: hören, denken

Unlebendig

- Auto: /
- Uhr: /
- Stein: /
- Tisch: wachsen
- Feuer: sich von alleine bewegen

Verfahren III

Lebendig

- Baum: „weil er Wurzeln hat"
- Pferd: „weil man auf dem reiten kann (…)"
- Mond: „(…) weil der Licht macht, sonst könnte der doch kein Licht machen"
- Fisch: „sonst hätt's (hätte er) keine Augen"
- Wolke: „weil des Wasser lebendig ist, sonst gibt's kein Regen (…)"
- Vogel: „sonst hät er nicht fliegen können"
- Blume: „Weil…, ähm…, weil die Wurzeln hat wie die, wie die, wie der Baum und dann wenn Wurzel weg ist, dann lebt's nicht mehr"

Unlebendig

- Fahrrad: „weil es (…) nur Strom hat"
- Feuer: „weil es n'Licht macht, wie die Sonne"
- Tisch: „gar nicht lebendig (…), weil's am Baum war und wenn's noch da wär, dann wär's noch lebendig"
- Auto: ist nicht lebendig, denn „(…) es hat Strom wie das Fahrrad und es kann nichts fühlen"
- Uhr: „weil des, des gleiche ist wie Auto, des ist kleiner, des braucht Strom und da sind Zeiger, die zeigen die Zahlen"
- Stein: es kann keine Begründung abgegeben werden

Unbestimmt

- Bach: „äh…, denk mir ja oder nein, eins von beiden"

Verfahren III+

Baum	Ist ein Baum lebendig oder nicht lebendig? – *Ähm…, lebendig.* – Und warum? – *Weil er Wurzeln hat.* – Aha…, und wenn du einen Baum anlangst, spürt der des? – *Ää (nein).* – Warum kann der des nicht

	spüren? – *Weil des kein Mensch ist.* – Aha..., aber er ist lebendig, weil er Wurzeln hat? – *Mhm, ja.* – Bist du schon mal auf nen Baum draufgeklettert? – *Ja.* – Ja, und wie war's da? – *(...).* – Hat des Spaß gemacht? – *Ja.* – Ja? Und bist du dann runtergesprungen vom Ast, ne oder? – *Nö.* – Schön wieder runter geklettert? – *Mhm.* – Warst du weit oben? – *(zeigt aus dem Fenster).* – Da draußen? – *Ne bei, davor bei, bei..., davor beim..., vor der Tür unten da ist n' Baum, da so beim Garten, da ist ein Baum, da bin ich hochgeklettert, ganz hoch, nicht so hoch, aber mittelhoch.* – Mittelhoch. – *Mhm.* – Hm, gut. Und hat der Baum gewusst, dass du auf dem drauf bist? – *Der kann nicht fühlen.* – Kann nicht fühlen, und wissen, hat der des gewusst vielleicht? – *Ää (nein).* – Nein? ..., Und erzähl mir doch noch was über die Wurzeln von dem Baum. – *Die sind am Baum dran in der Erde, kann man, wenn man abschnitt* (abschneidet), *dann lebt der nicht mehr.* – Mhm. – *Mhm..., und wenn man z.B. n' Bett aus dem macht, ist er schon tot.* – Mhm..., o.k.
Pferd	Ist ein Pferd lebendig oder nicht lebendig? – *Lebendig.* – Und warum glaubst du des? – *Weil man auf dem reiten kann..., und der ist, wie ein Reh z.B. ..., so mit den Füßen...* – Mhm..., und wenn du des Pferd streichelst, spürt des Pferd des? – *Mhm, weil's lebendig ist.* – Kann man das Pferd auch lieb haben? – *Ja.* – Bist du schon mal auf einem geritten? – *Ähm..., ja zweimal, aber mit daneben, mit daneben eins da so, mit dem Seil da dran, mit nem anderen noch daneben.* – Voltigieren meinst du? – *Mhm.* – Wo dich jemand geführt hat? – *Ja.* – Das Pferd geführt hat, nicht dich, sondern das Pferd geführt hat? – *Ja (lacht).* – Und war gut oder nicht so? – *Ja.* – Hier auf dem Bauernhof? – *Mhm, ne nicht auf dem Bauernhof, auf dem ähm, woanders ähm, irgendwo bei, in Achern.* – Ah, wo du vorher gewohnt hast. – *Mhm.* – Achern, o.k.
Mond	Ist der Mond lebendig oder nicht lebendig? – *Lebendig.* – Und warum, woher weißt 'n du des? – *Weil, weil, weil..., der Licht macht, sonst könnte der doch kein Licht machen.* – Mhm. – *Aber hat keine Augen.* – Ää?(nein). – *Ää (nein) (grinst), der hat keinen Mund, keine Augen wie die Menschen, hat der's nicht.* – Mhm..., aber er kann Licht machen? – *Ja, des kann er auf jeden Fall.* – Und wie passiert des? – *Der wird von der Sonne angestrahlt, von unten nach oben und dann kommt des Licht da durch.* – Mhm. – *Die Sonne ist unter dem, unter der Erde..., und dann blendet's den Mond und dann gibt's Licht auf die Welt.* – Mhm..., und sag mal, wenn du den Mond anfassen könntest, wenn man des könnte *(unterbricht).* – *Des kann man auch.* – Ja? – *Mhm.* – Wie? – *Mit der Rakete kann man drauf fliegen und manchmal gibt's auch Unfälle.* – Mhm. – *Bei Apollo 13, ja des heißt so, da ham die, ham wir 'n Film, da sind Leute gestorben.... Ein Film.* – Beim Film gell, wo die in der Rakete *(unterbricht).* – *Ja, da war, da war, da war die Tür nicht aufgegangen, dann ham sie irgendwo rum und dann hat's gebrennt* (gebrannt). – Und meinst du, der Mond hat gewusst, dass die da drauf gelandet sind, äh, die Rakete? – *Äh..., ähm..., ää (nein), der hat's nicht gewusst.* – Warum nicht? – *Oder? Doch der kann des wissen, wenn jemand drauf ist.* – Woher weiß der des? – *Weil er fühlen kann.* – Mhm..., und wenn der Mond abends

scheint und bei dir ins Zimmer reinscheint, weiß der, dass du im Bett liegst und schläfst? – *Wenn's Nacht ist, dann schlaft jeder ja, dann weiß er's vielleicht.* – Mhm..., und manchmal ist der Mond ja nur ne Sichel oder nur 'n halber Mond und manchmal ist er 'n ganzer Mond *(unterbricht).* – *Mhm.* – Wie kommt 'n des? – ... *Ähm, der Mond ist mal ganz und dann wird der immer weniger und dann ist der Tag zu Ende, wenn des ganz weg ist. Und dann kommt die Sonne hoch, ganz langsam, immer höher, höher, höher und dann ganz hoch.* – Und wie geht des weg? – *Der Mond?* – Mhm. – *Ich denk mir, dass der immer kleiner wird, kleiner, kleiner und dann ist der ganz klein.* – Und warum wird der so viel kleiner? – *Weil es Tag, weil es nur 12 Stunden sind, äh, in eine Nacht und zusammen gibt's 24 Stunden, ja.* – Und die Sonne? – *Die Sonne, die steigt, die steigt, wenn die Sonne, wenn der Mond weg ist, dann geht der bisschen hoch.* – Meinst du, die Sonne ist auch lebendig oder nicht lebendig? – *Lebendig.* – Aha..., woher weißt denn du des? – *Einfach, hab ich geraten.* – Hast du geraten? Glaubst du es denn auch? Was denkst du? – *Sonne lebendig wie der Mond.* – Und warum glaubst du, ist die lebendig? – *Sonst hät's kein Licht gestrahlt.* –Mhm. – *Und auf die Sonne kann man nicht, sonst verbrennt man sich und dann schmelzt alles. Und die ist noch größer als die Welt, mhm.* – Hast du des gelernt in der Schule. – *Ää(nein), ich weiß des schon.* – Du weißt des schon. – *Mhm (lacht).* – Und wenn man die Sonne anfassen könnte, wenn man es könnte, meinst du, die würde es spüren? – *Ja.* – So wie beim Mond? – *Mhm.* – Und wenn die Sonne, heut scheint sie natürlich nicht, aber wenn die scheint, weiß die, dass wir jetzt z.B. draußen spielen oder spazieren gehen? – *Des weiß die, weil's Tag ist, ja.* – Sieht die uns? – *Ää (nein), durch 'n Haus kann sie uns nicht sehen.* – Aber wenn wir draußen wären? – *Ja, dann könnt' sie uns auch nicht sehen.* – Ach nicht sehen? – *Nö, die hat keine Augen.* – Ach so..., aber, aber dass wir da sind, weiß sie? – *Mhm, sonst hätt sie nicht gestrahlt.... Ja früher hat's keine Sonne gegeben, gar nichts, alles finster, ganz dunkel.* – ..., wann war des früher? – *Früher z.B. wo Jesus auf der Welt war.* – Da gab's keine Sonne? – *Doch, da hat er erst erschaffen und dann hat Maria so gesagt, das ähm, das ähm, ähm, ähm 'n Kind kriegt Maria, 'n klein, 'n Jesus, des soll se Jesus nennen.* – Wer hat des gesagt? – *Gott oder ein oder ein Engel hat des ihr gesagt.* – Mhm..., und dann ist Jesus geboren und Gott hat die Sonne erschaffen? – *Mhm.* – Und was hat der noch erschaffen? – *Den Mond, alles, einfach.* – Alles *(unterbricht).* – *Außer, außer die Häuser und so. Die Blumen hat sie alle erschaffen, die Fische, die Tiere, alles, einfach. Nicht fast alles, aber die Häuser und die Straßen nicht.* – Die Straßen nicht, wer hat die gemacht? – *Äh, die Menschen..., alles erfunden, nicht alles, aber paar Sachen.* – Und was meinst du, warum hat des der Gott gemacht? – *Weil er meinte, weil er mal, äh, weil auch, auch mal gucken will, wie die, wie die umgehen.* – Wer umgeht? – *Die Menschen.* – Mhm..., miteinander? – *Mhm.* – Und meinst du, die gehen gut miteinander um? – *Ää (nein), die haben gekreuzigt, steinigen..., manche Leute.* – ...Meinst du, der findet des gut, der Gott? – *Ää (nein).*

Fahrrad	Ist ein Fahrrad lebendig oder nicht lebendig? – *Nicht lebendig.* – Warum nicht? – *Weil es, weil es nu, nu nu, nur Strom hat.* – Strom? – *Und des ist selbst gemacht.* – Mhm…, wie meinst du, nur Strom? – *Des hat Strom zum Fahren.* – Braucht des Strom zum Fahren? – *Ja, weil des Licht in der Nacht, da braucht man Licht vorne und dann ist Licht dran und wenn des an ist, dann verbraucht des Strom, dann muss man des bezahlen, wie hier, wie des Licht da* (zeigt auf eine Lampe), *des muss man auch bezahlen.* – Beim Fahrrad ist Strom dran und das muss man bezahlen? – *Mhm.* – Mhm…, und weiß der Strom, dass er am Fahrrad dran ist? – *Ää (nein)…, der Donner, der Donner denkt was vom oder Blitz geht irgendwo eine Einleitung und dann geht's zur Firma, wo man ähm, wird alles als Strom benutzt.* – Noch mal, des hab ich jetzt nicht so ganz verstanden, kannst du noch mal etwas lauter reden, was hast du gesagt? – *Hm, der Blitz da der…, und ähm so Sachen die, wenn's regnet, da blitzt's ja und dann geht es in eine Einleitung, wird, wird's in einer Firma gemacht und da macht man aus dem Strom draus.* – Ah, ach so. – *Zum nehmen, dass es Licht gibt, sonst wär's ja hier dunkel jetzt.* – Ach so, also wenn's 'n Gewitter gibt? – *Ja.* – Und wo geht des dann rein? – *Dann geht's ähm, da gibt's solche Dinger und da ist so 'n Ding, dann und dann geht des da dran und dann da wird des dann irgendwo hingeleitet, nach irgendwo hingeleitet, nach irgendwo anders, nicht auf 'n Haus, sonst verbrennt des Haus.* – Mhm…, und dadurch gibt's Strom dann? – *Mhm.* – Das ist ja interessant…, und ähm hast du ein Fahrrad? – *Hm, ja aber 'n Platten hat des.* – Und weiß des Fahrrad, dass es 'n Platten hat? – *Nö, ist nicht lebendig.* – Und weiß des, dass du auf dem Fahrrad fährst, wenn es kein Platten hat? – *Ää (nein).* – Weiß des, wenn du ganz schnell fährst? – *Ää (nein), gar nichts weiß es, weil's gar nicht lebendig ist.* – Und sag mal, kann des was spüren, das Fahrrad? – *Ää (nein), ää.* – Wenn's draußen regnet und ganz nass wird? – *Ää (nein), des wissen die auch nicht.* – Weiß es auch nicht. – *Und wenn's Strom hat, wenn die Anleitungen innen drin zusammenkommt, da, wenn das so abgerissen wär und da wär's raus, dann könnt's, da könnt's regnen und dann ist's schon kaputt des Fahrrad, des Licht halt. Ich hab schon 'n kaputtes Fahrrad gehabt mal.* – Echt? Oi. – *Einmal, weil der E. mir die Bremse kaputt gemacht hat und dann war noch hinten Platten, vorne hinten…, und weil des Licht kaputt ist.* – Und hat's dir wieder jemand repariert? – *Ää (nein), ich hab n' Neues gekriegt, da ist halt 'n Platten drinne, ich brauch halt, repariert muss es werden.*
Fisch	Ist ein Fisch lebendig oder nicht lebendig? – *Ja.* – Und warum? – *Sonst hätt's keine Augen.* – Mhm. – *Fahrrad hat ja auch keine Augen.* – O.k. – *Fisch lebt ja im Wasser.* – Aha…, und spürt des Wasser, dass da der Fisch drin schwimmt? – *Mhm.* – Ja? …, wie merkt des Wasser des? – *Des merkt Wasser gar nicht.* – Des Wasser merkt des gar nicht? – *Ää (nein)…, aber der Fisch merkt, dass er im Wasser drinne ist.* – …O.k.
Feuer	Ist ein Feuer lebendig oder nicht lebendig? – *Ää (nein).* – Nein, und warum nicht? – *Weil es 'n Licht macht, wie die Sonne.* – … Und des Holz? – *Des merkt's, weil, weil der Baum lebendig ist, der Baum wird ja*

	abgesägt, dann ist er tot und dann weiß er vielleicht, dass er, dass manche, dass vielleicht wissen die Bäume dass, dass ähm die, dass sie abgesägt werden. – Und wenn sie verbrannt werden? – *Das merken sie nicht.* – Das merken sie nicht? – *Ää (nein), weil sie nicht mehr lebendig sind.* – Also, wenn man draußen 'n Stück Holz nimmt und des anzündet und 'n Feuer draus macht *(unterbricht). – Wenn man's halt nicht absch, wenn's Baum abgeschnitten wird, alles abmacht halt, Stücke, dann ist es tot.* – Mhm. – *Und….* – Und wann ist es nicht tot? – *Wenn's wieder, wenn's an seine Wurzeln dran ist, und wenn's bei seiner Wurzel nicht dran ist, dann wird's immer, dann geht's kaputt und dann ist tot. Und wie die Blume, wenn man die abmacht und ins Wasser, weil die Wurzel braucht, sonst wachst sie immer, wachst sie nicht mehr weiter.* – Meinst du, die Blume spürt des oder der Baum, wenn man die absägt oder wenn man die Blumen pflückt? – *Hm…, des merken se.* – Meinst du, des tut denen weh? – *Ja, dann sind sie ja tot.* – Meinst du, die sind dann traurig, dass sie tot sind? – *Ne, die können des nicht mehr wissen, weil die tot sind.* – Weil die schon tot sind…, und spürt des Feuer, dass es heiß ist? – *Ää (nein), des ist gar nicht lebendig, hat keine Augen, kein Mund, keine Nase, keine Haare, keine Kleider und keine Füße auf jeden Fall und keine Hände.* – (lacht).
Tisch	Ist ein Tisch lebendig oder nicht lebendig? – *Gar nicht lebendig.* – Warum nicht? – *Erstens, weil's am Baum war und wenn's noch da wär', dann wär's noch lebendig.* – …Und sag mal, guck mal, des ist ja auch aus Holz (Holzhocker). – *Mhm.* – Des ist 'n kleiner Hocker, wenn ich da drauf hau, spürt der des? – *Ää (nein).* – Und wenn ich da rein bohr mit ner Bohrmaschine (Bohrgeräusche). – *(schüttelt den Kopf).* – Auch nicht. – O.K…., und wenn ich mich draufsetzt, weiß der, dass ich da sitz? – *Ää (nein), der ist gar nicht lebendig.*
Bach	Ist ein Bach lebendig oder nicht lebendig? – *Äh…, denk mir ja oder nein, eins von beiden.* – Weißt du nicht so ganz genau? – *(schüttelt den Kopf).* – Dann erklär mir mal, warum glaubst du vielleicht ja und warum glaubst du vielleicht nein? – *Weil er alles beide sein kann, eins kann sein.* – Dann erklär mir mal, einmal ja und einmal nein. – *Weil er bei ja, da lebt es ja, aber es hat keine Augen und alles wie der Mond halt und wie, wie der Tisch, wie des Feuer, des ist genauso…, weil der Baum, des ist anders, dann wenn der lebt, dann weiß er, dass dass Fische drin sind und er weiß dann, dass dass, ähm, dass ähm, das die Fische drin so…, z.B. schwimmen und so wie Menschen, des merken die auch (etwas verwirrt).* – Wenn er lebendig ist…, aber du weißt nicht so ganz genau ob er lebendig ist. – *Äh…*– Guck mal, ich frag dich mal was anderes, du bist ja bestimmt schon mal barfüßig in einen Bach reingegangen oder in einen *(unterbricht). – Geschwommen.* – Geschwommen, glaubst du, des Wasser weiß, dass du da schwimmst, dass du mit deinen Käsfüßen da drin bist? – *(lacht) Ja, des weiß es dann, wenn's, wenn's lebt.* – Und wenn's nicht lebt? – *Dann weiß es gar nichts.* – Dann kann's gar nichts wissen? – *Ää (nein).* – Und spüren? – *Auch nicht.* – Dann weiß es, dann ist es einfach unlebendig? – *Mhm.* – Und was glaubst du

	eher, ist es lebendig oder unlebendig? – *Ich denk eher lebendig.* – Lebendig. – *Stimmt's?* – Das ist, ja kann sein, dass es was spürt. . – *Oder des ist nicht lebendig.* – Bist du dir unsicher. – *Mhm.*
Auto	Ist ein Auto lebendig oder nicht lebendig? – *Ää (nein).* – Nein, und warum denn nicht? – *Erstens..., es hat Strom wie das Fahrrad und es kann nichts fühlen.* – Mhm. – *Es kann auch nicht fühlen, dass jemand drin fahrt.* – Äh? (nein). – *Gar nicht.* – Äh? (nein). – *Ich weiß auf jeden Fall nicht, aus was es gemacht ist.* – Äh? (nein). – *Ää (nein).* – (lacht) Aus Metall. – *Und wie kann man Metall machen?* – Metal... (wir reden etwas über Eisen)
Uhr	Ist eine Uhr lebendig oder nicht lebendig? – *Auch nicht lebendig.* – Und warum nicht? – *Weil des des gleiche ist wie Auto, des ist kleiner, des braucht Strom und da sind Zeigers, die zeigen auf die Zahlen.* – Mhm..., und wenn die Uhr tickt, weiß die, dass sie tickt? – *Ää (nein), weiß gar nichts genau so wie des Auto (etwas genervt).* – Mhm.
Stein	Ist ein Stein lebendig oder nicht lebendig? – *Auch nicht lebendig.* – Und warum nicht? – *Hm..., weil, weil, weil, weil, weil..., hm weiß ich auch nicht so genau.* – Z.B. wenn du einen Stein aufhebst und in deine Hand nimmst *(unterbricht).* – *Des weiß er auch nicht.* – Und wenn ich ihn dann in die Hosentasche stecke? – *Des weiß er auch nicht.* – Und wenn du von einem Stein zum anderen springst? – *Auch nicht.* – Warum kann der des nicht wissen? – *Weil er tot ist.* – Hat der mal gelebt? – *Ää (nein).* – Ne? – *Der ist aber gar nicht lebendig, sonst könnte der springen so hin und da, da, da, da hoch springen und hin und her laufen.* – O.K.
Wolke	Ist eine Wolke lebendig oder nicht lebendig? – *Ja.* – Und warum? – *Weil des Wasser lebendig ist, sonst gibt's kein Regen, weil aus Dampf ist vom Regen.* – Mhm. – *Oder vom Wasser halt.* – Mhm..., und sag mal, wenn's regnet..., wie macht die Wolke des? – *Ähm, die hat Dampf, ähm, des, des die Wolke hat Wasser, weil des aus Wasser gemacht ist, also kommt Wasser da raus, weil die Pflanzen auch Wasser haben wollen.* – Mhm..., und die macht des ja nur manchmal? – *Die macht's nur manchmal, oder ein Tag und dann der zweite, wie gestern halt.* – Meinst du, die macht des extra? – *Ää (nein), die macht's nicht extra, nur dass die Pflanzen was haben, Wasser haben.* – Und hat die da 'n bestimmten Rhythmus, also dann macht sie es an einem Tag und dann nicht und dann wieder und dann nicht? – *Ää (nein), die macht's einfach irgendwie, wie der Gott des will.* – Aha..., und dann regnet die Wolke, wenn der Gott des sagt? – *Mhm.* – Und guck mal, wenn die Regentropfen dann auf die Pflanzen fallen und auf die Dächer fallen und bei dir und bei mir auf den Kopf fallen, wissen die kleinen Regentropfen, dass die da drauf fallen? – *Mhm, ja weil des Wasser lebendig ist.* – Spüren die des dann? – *Spüren..., denke ja.* – Und dann wissen se, ah, auf Antonias Kopf und oh, auf Ninas Kopf *(unterbricht).* – *Die wissen aber nicht die Namen.* – Des wissen se nicht? – *Ää (nein).* – Aber können die unterscheiden, ob se jetzt auf 'n Mensch fallen oder ein Tier fallen oder auf die Straße fallen oder auf ein Dach fallen, meinst du, die wissen des?

	– Wenn man Kapuze auf hat und die Jacke, wenn man nur Kapuze anhat und keine, und wenn man äh, Kleid an hat nur und keine Jacke und die fliegen auf die Kleider, dann wissen die, dass es auf dem Mensch ist und wenn's 'n Schaf, dann ist es halt anders, weil des viel weicher ist als Kleider. – Mhm…, wegen der Wolle, weil die ist viel weicher? *– Mhm…, du hast ja auch grad Schafwolle an.* – (lacht) Ne des ist Baumwolle. *– Und des da? (zeigt auf meine Hose).* – Des ist auch Baumwolle. *– Und des da? (zeigt auf meine Strümpfe).* – Ist auch Baumwolle, du hast auch Baumwolle an. Des ist eine Pflanze, Baumwolle, die Blüten von einer Pflanze. *– Und des da?* – Wollpullis, die man im Winter an hat, sind aus Schafswolle. *– Ah.* – Sag mir doch noch mal was über die Wolken, die Wolken *(unterbricht). – Können, die können die Sonne versperren, dass sie nicht strahlt, dann ist trotzdem noch hell.* – Machen die des extra, die Sonne versperren? *– Die machen des, das Regen kommt…, da gibt's dunkle Wolken als, als die anderen weil, weil eigentlich gibt's, wenn's weiße Wolken und wenn's keine schönen gibt, dann sind's graue Wolken.* – Dann ändern die einfach die Farbe? *– Mhm, dann wird's bisschen dunkler und des andere wird ganz weiß.* – Und wie machen die des, die Farbe ändern. *– Hm…, so wie des der Gott halt gesagt hat.* – … Dass die des machen sollen…, die Wolken sind ja nicht immer am gleichen Fleck. *– Ää (nein), wenn's regnet nachts halt da hab ich mal gesehen, dass sie immer hin und her gehen halt.* – Mhm…, und machen die des von alleine, hin und her gehen? *– Äh…, denk ähm, ich weiß es nicht, aber ich denke, Gott hat's gesagt immer.* – Der sagt, wo die hin gehen sollen? – *Mhm.* – Und sag mal, der Wind, ist der lebendig oder nicht lebendig? *– Nicht lebendig.* – Und warum nicht? *– Weil der nur Wind macht, sonst hät er kein Wind gemacht.* – Mhm…, und wenn der gegen ein Haus pustet oder man spürt ja auch den Wind im Haar, gell, wenn's draußen windet. Weiß der Wind, dass er einem gerade die Haare zerzaust? *– Ää (nein)…, hm doch, weil er lebt.* – Mhm. *– Wenn er nicht lebt, dann macht er auch kein Wind.* – Mhm…, also lebt der Wind doch? – *Mhm.* – Weil er *(unterbricht). – Sonst hät er kein Wind gemacht, wenn er nicht lebend würde.* – Und wenn…, er an die Hauswand pustet, bläst, merkt der, dass da 'n Widerstand ist, also dass da die Hauswand ist und dann geht er so außen rum oder wie macht der des? *– Ne, dann geht er einfach weiter, des stört ihn nicht.* – Ää? (nein). *– Der geht so, so, so und dann geht er wieder zur Seite weiter (zeigt es mir mit ihren Händen an).* – Mhm, ums Haus drum rum dann? *– Mhm, so auf die Wand und dann geht's wieder zur Seite.* – Stört ihn, dass da jetzt was steht? – *Nö.* – Mhm. *– Oder er geht einfach weiter gerade aus, außen rum.* – Mhm.
Vogel	Ist ein Vogel lebendig oder nicht lebendig? – *Jaaa.* – Und warum? – *Sonst hät er nicht fliegen können.* – Mhm…, und was glaubst du noch? *– Er kann fliegen, der Vogel, und er hat Augen und ein Mund.* – Und deswegen ist er lebendig? *– Mhm, sonst hät er nicht gesehen können, sonst wären die Augen zu.* – Mhm. *– Ich weiß, in der Nacht hat die Mutter gesagt, dass sie so schlafe (kniet sich hin und legt den Kopf nach hinten).* – Ja? *– Ja, so äh sie stehen so und machen den Kopf nach hinten (stellt sich*

	hin und legt den Kopf in den Nacken). Pferde stehen während der Nacht. – Ja, Pferde stehen während der Nacht, das hab ich auch schon gesehen. – *Und essen vielleicht.* – Während der Nacht, wenn sie schlafen? – *Machen Augen zu vielleicht und essen.* – Echt? – *Denk ich mir.*
Blume	Ist eine Blume lebendig oder nicht lebendig? – *Jaaa.* – Und woher weißt du das? – *Weil…, ähm…, weil die Wurzeln hat wie die, wie die, wie der Baum und dann wenn Wurzel weg ist, dann lebt's nicht mehr.* – Wenn man se abpflückt, das hast du ja schon gerade vorhin gesagt, dann spürt die des, gell? – *Mhm.* – Und guck mal, vor ein paar Tagen haben wir ja auch Blümchen gepflückt und Äste und die stehen ja jetzt im Wohn, äh, wo wir essen da, in der Diele. Wissen die, dass die jetzt da drin stehen in euerm Haus? – *Ää (nein)…, die sind tot.* – Ah, jetzt sind sie schon tot? – *Mhm.* – Aha…, sobald man se abpflückt? – *Mhm, wenn die ab sind, dann sind sie schon tot.* – Guck mal, die Blumen draußen, die Gänseblümchen (zeige aus dem Fenster), hier wachsen welche, gell, auf dem Rasen haben wir ja gesehen und wo wir bei uns Zuhause waren, hast du ja auch welche gesehen. – *Mhm.* – Meinst du, die wissen, dass sie hier wachsen…, die einen hier wachsen und die anderen da wachsen? – *Ää (nein), weil die leben noch.* – Und wissen die, dass hier das M. Haus ist? – *Ää (nein), die wissen gar nicht, die können nicht reden.* – Ää (nein), aber wissen vielleicht. – *Die können sich's denken.*

8 ALTERSABHÄNGIGE GRAFIKEN

Die Versuchspersonen Anna und Jakob sind nicht inbegriffen. 17 von 19 Versuchspersonen. Die Variable fliegen/nicht-fliegen wird nicht aufgeführt, da sie als Testvariable eingesetzt und von allen Versuchspersonen korrekt attribuiert wurde.

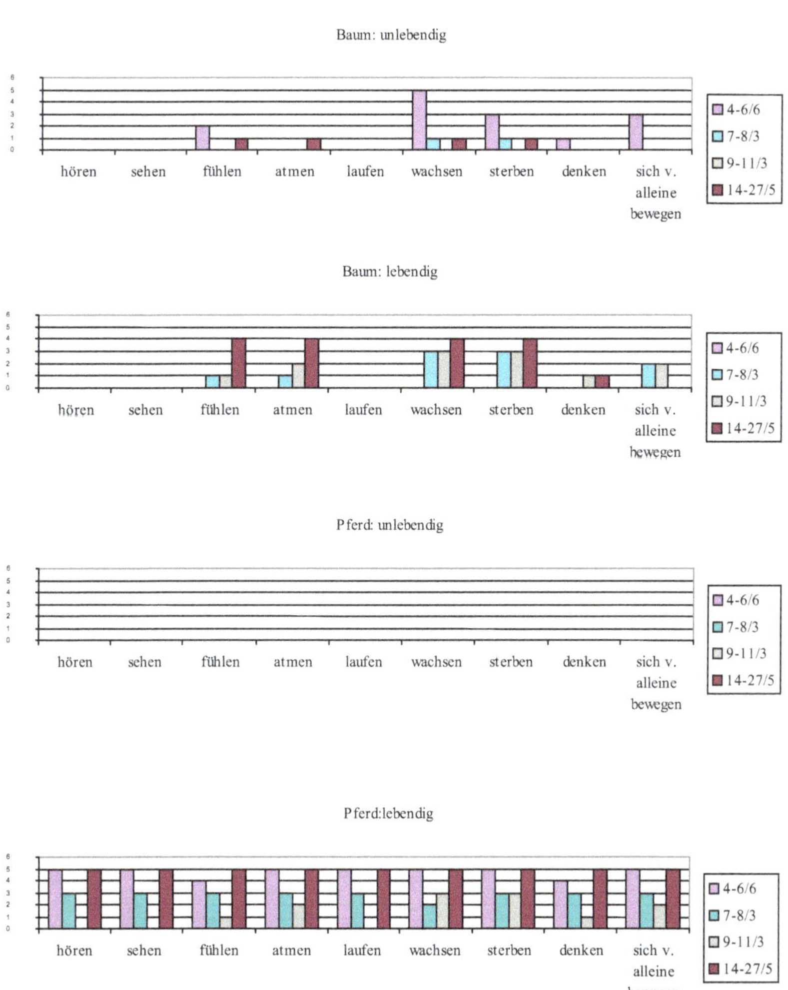

Mond: lebendig

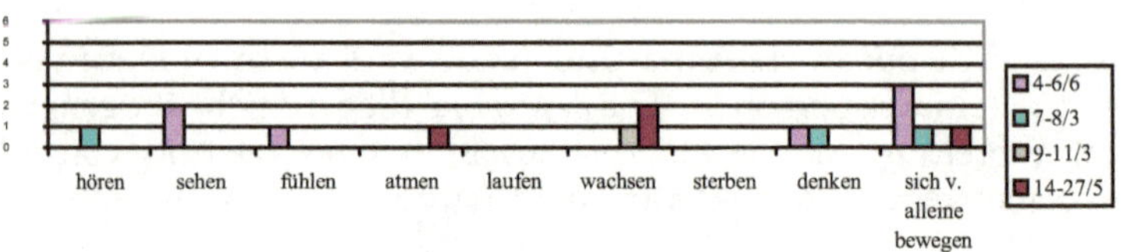

Mond: unlebendig

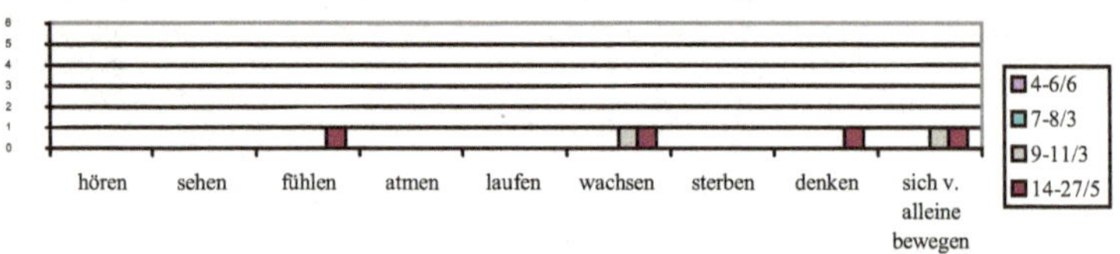

Fahrrad: lebendig

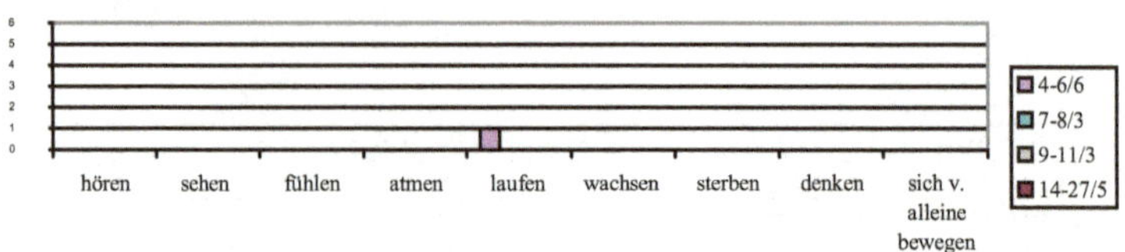

Fahrrad: unlebendig

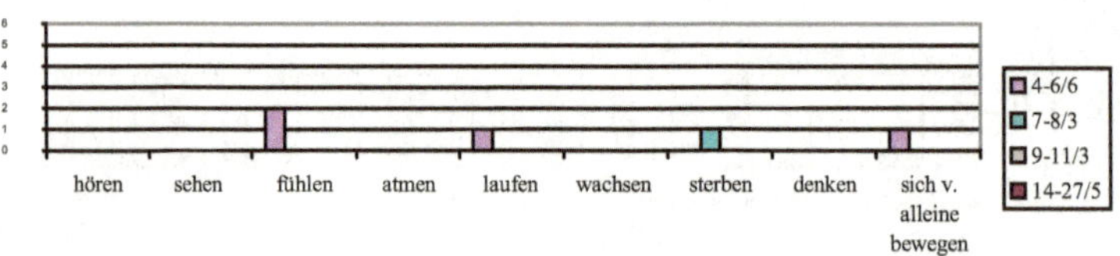

Feuer: lebendig

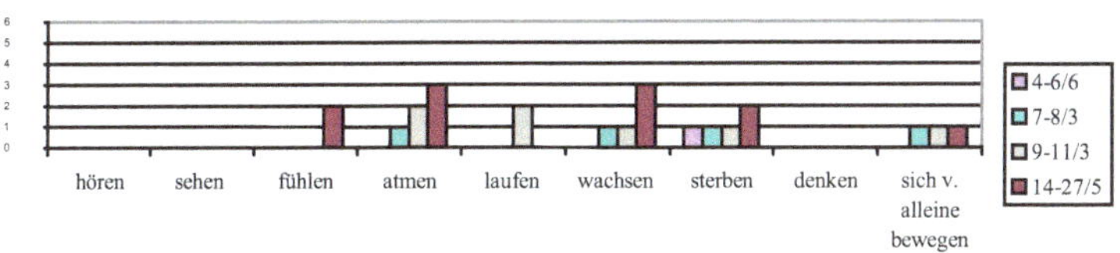

Feuer: unlebendig

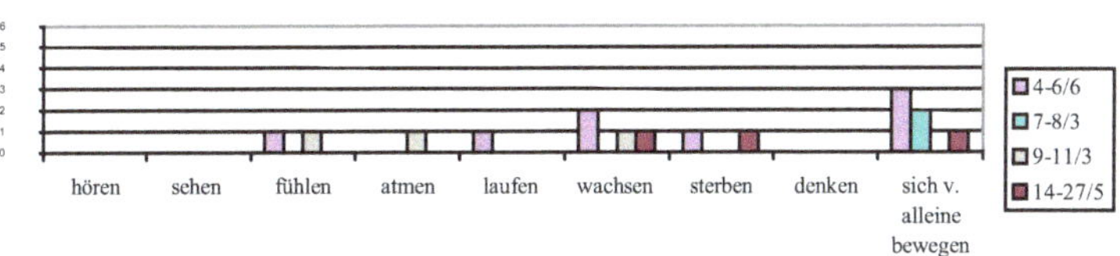

Tisch: lebendig

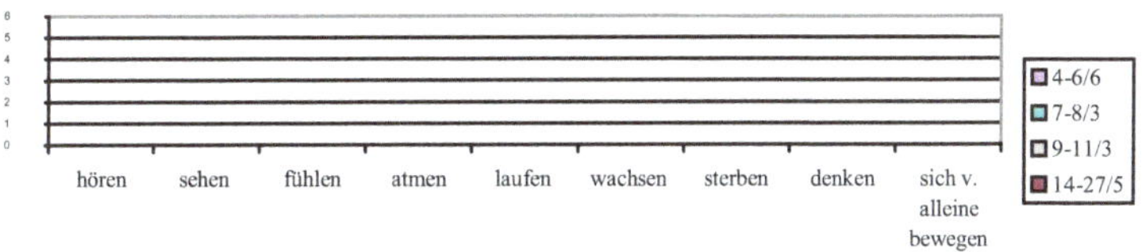

Tisch: unlebendig

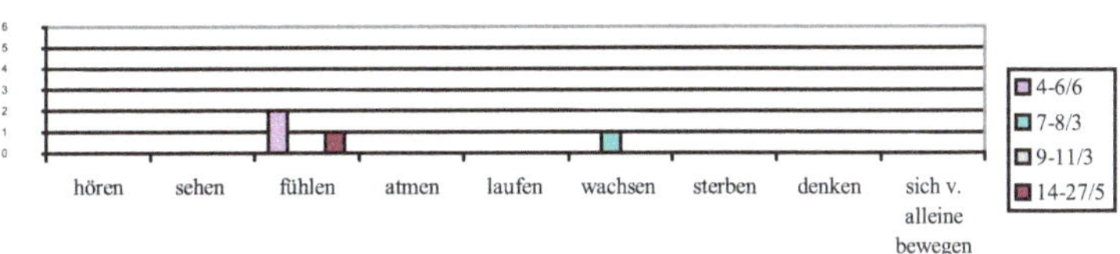

Bach: lebendig

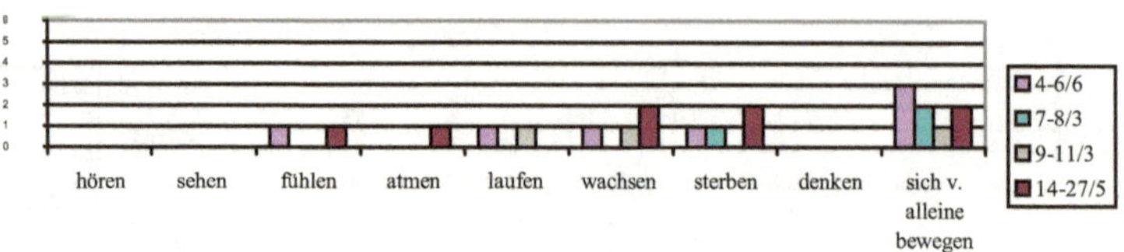

Bach: unlebendig

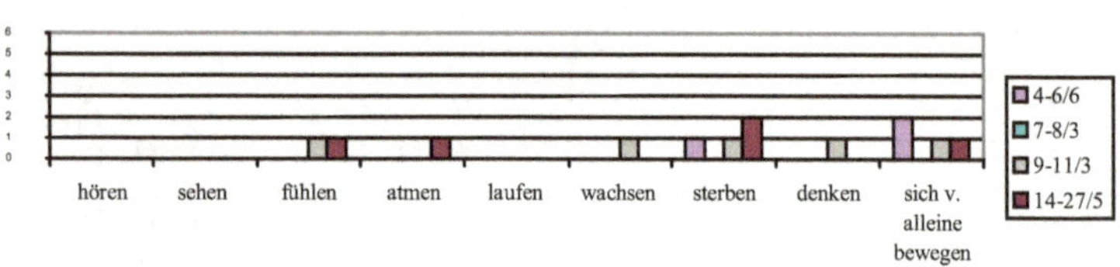

Auto: lebendig

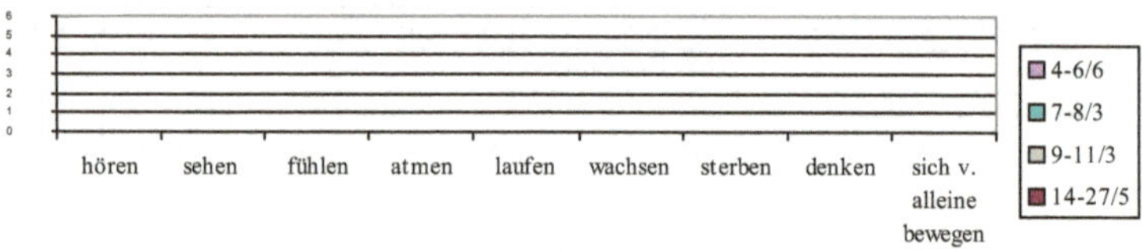

Auto: unlebendig

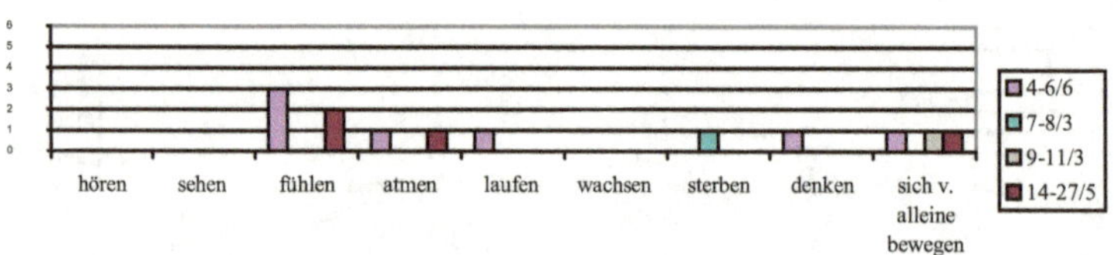

Uhr: lebendig

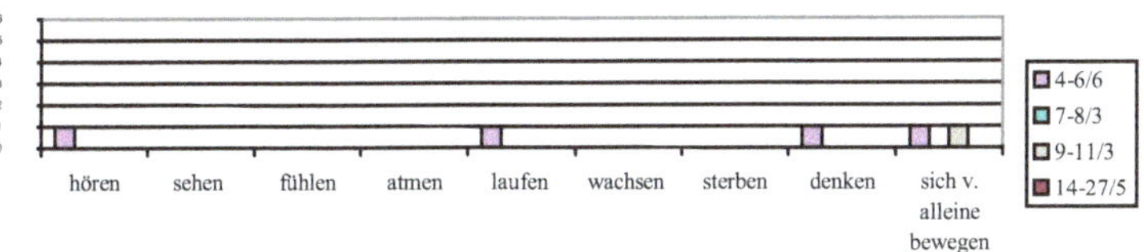

Uhr: unlebendig

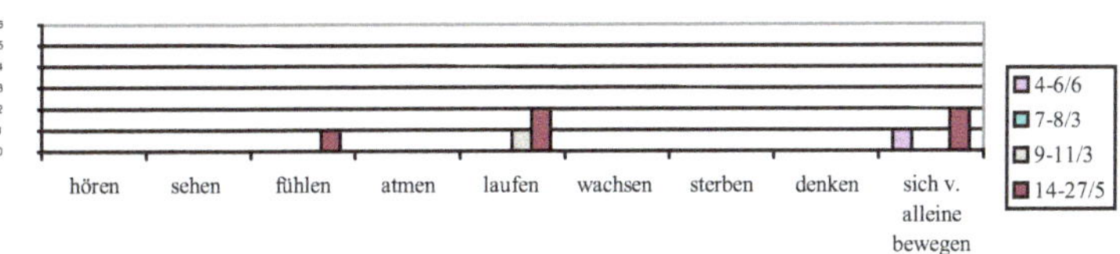

Stein: lebendig

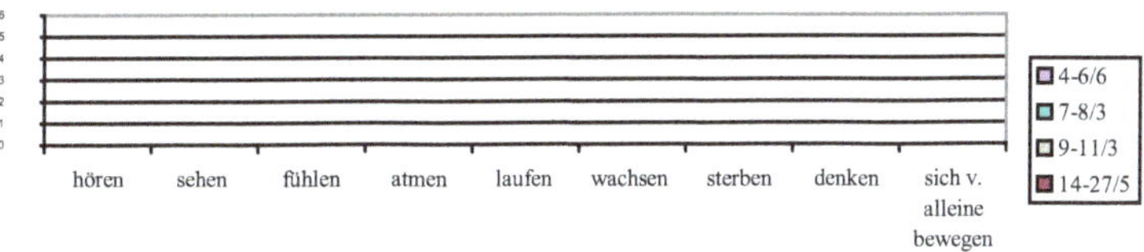

Stein: unlebendig

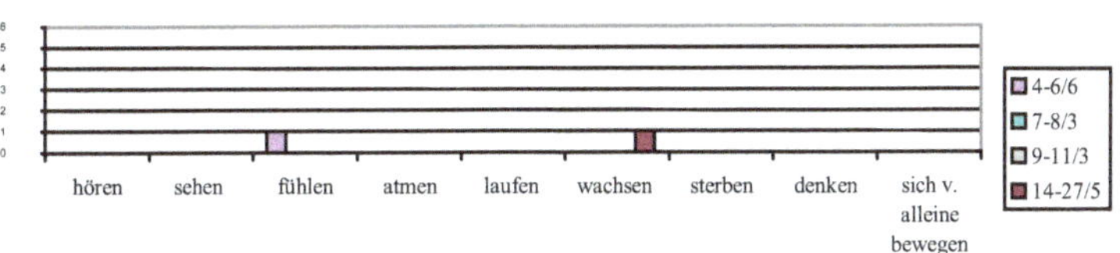

Wolke: lebendig

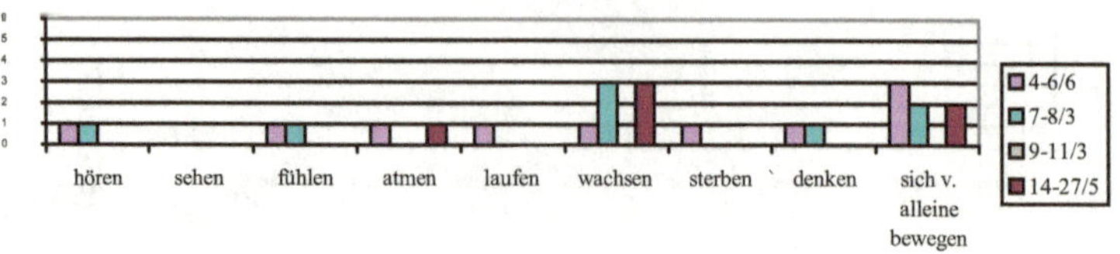

Wolke: unlebendig

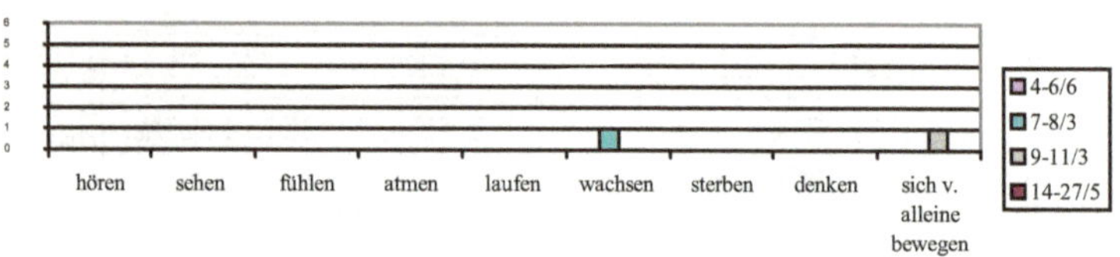

Vogel: lebendig

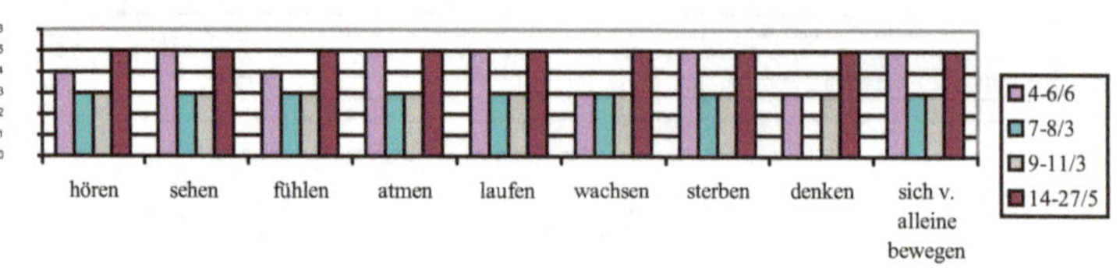

Vogel: unlebendig

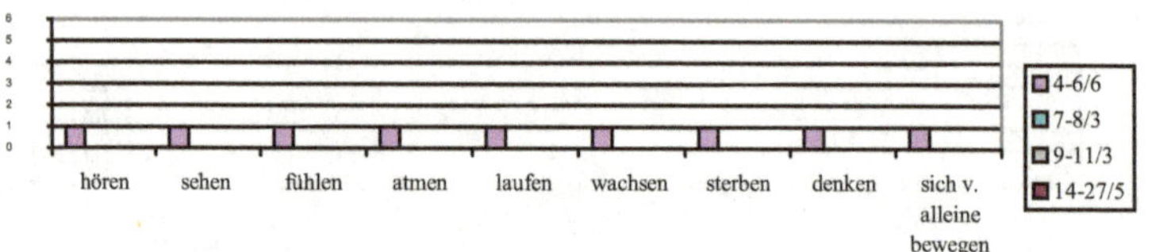

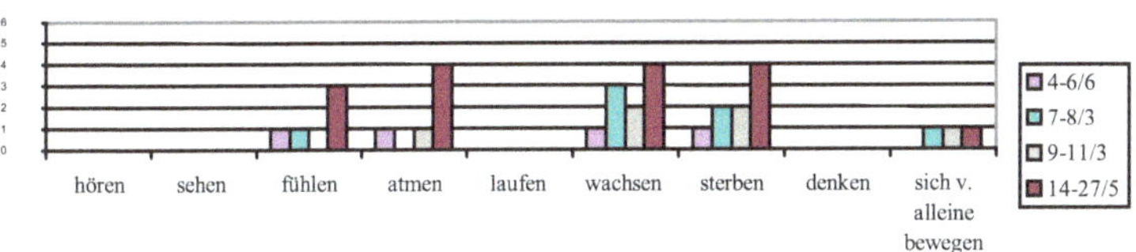
Blume: lebendig
6
5
4
3
2
1
0
hören
sehen
fühlen
atmen
laufen
wachsen
sterben
denken
sich v. alleine bewegen
4-6/6
7-8/3
9-11/3
14-27/5

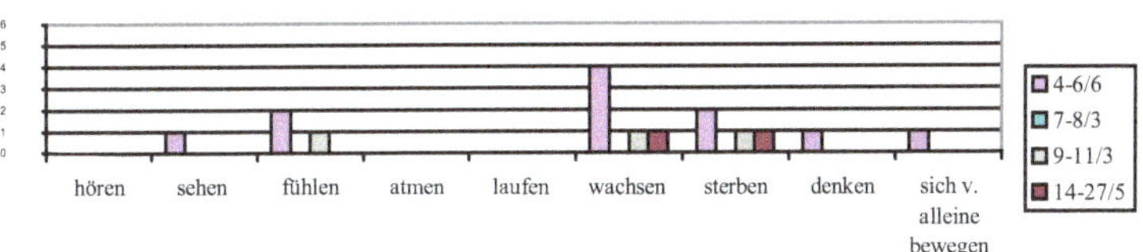
Blume: unlebendig
6
5
4
3
2
1
0
hören
sehen
fühlen
atmen
laufen
wachsen
sterben
denken
sich v. alleine bewegen
4-6/6
7-8/3
9-11/3
14-27/5

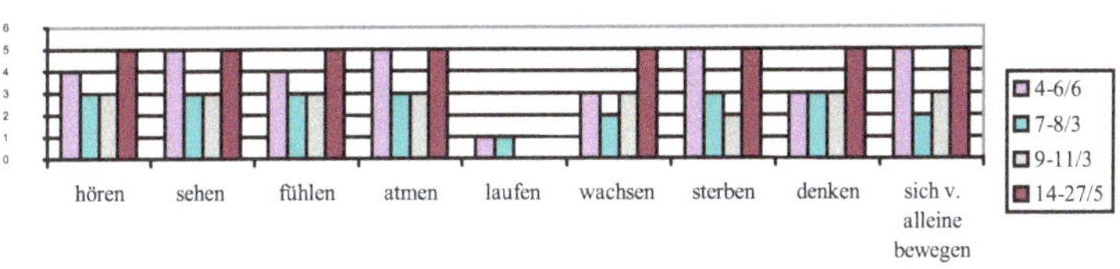
Fisch: lebendig
6
5
4
3
2
1
0
hören
sehen
fühlen
atmen
laufen
wachsen
sterben
denken
sich v. alleine bewegen
4-6/6
7-8/3
9-11/3
14-27/5

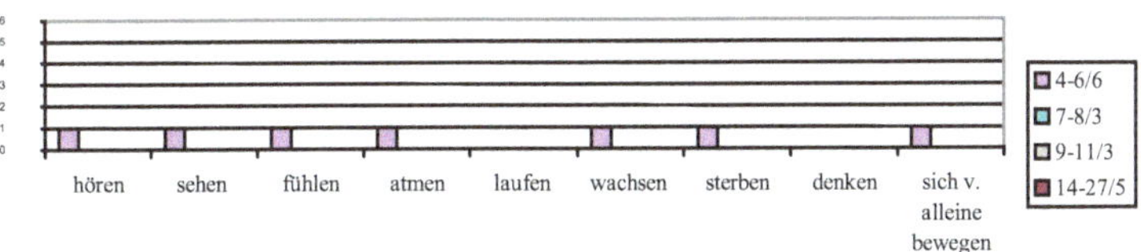
Fisch: unlebendig
6
5
4
3
2
1
0
hören
sehen
fühlen
atmen
laufen
wachsen
sterben
denken
sich v. alleine bewegen
4-6/6
7-8/3
9-11/3
14-27/5

Zeitfracht Medien GmbH
Ferdinand-Jühlke-Straße 7
99095 Erfurt, Deutschland
produktsicherheit@kolibri360.de